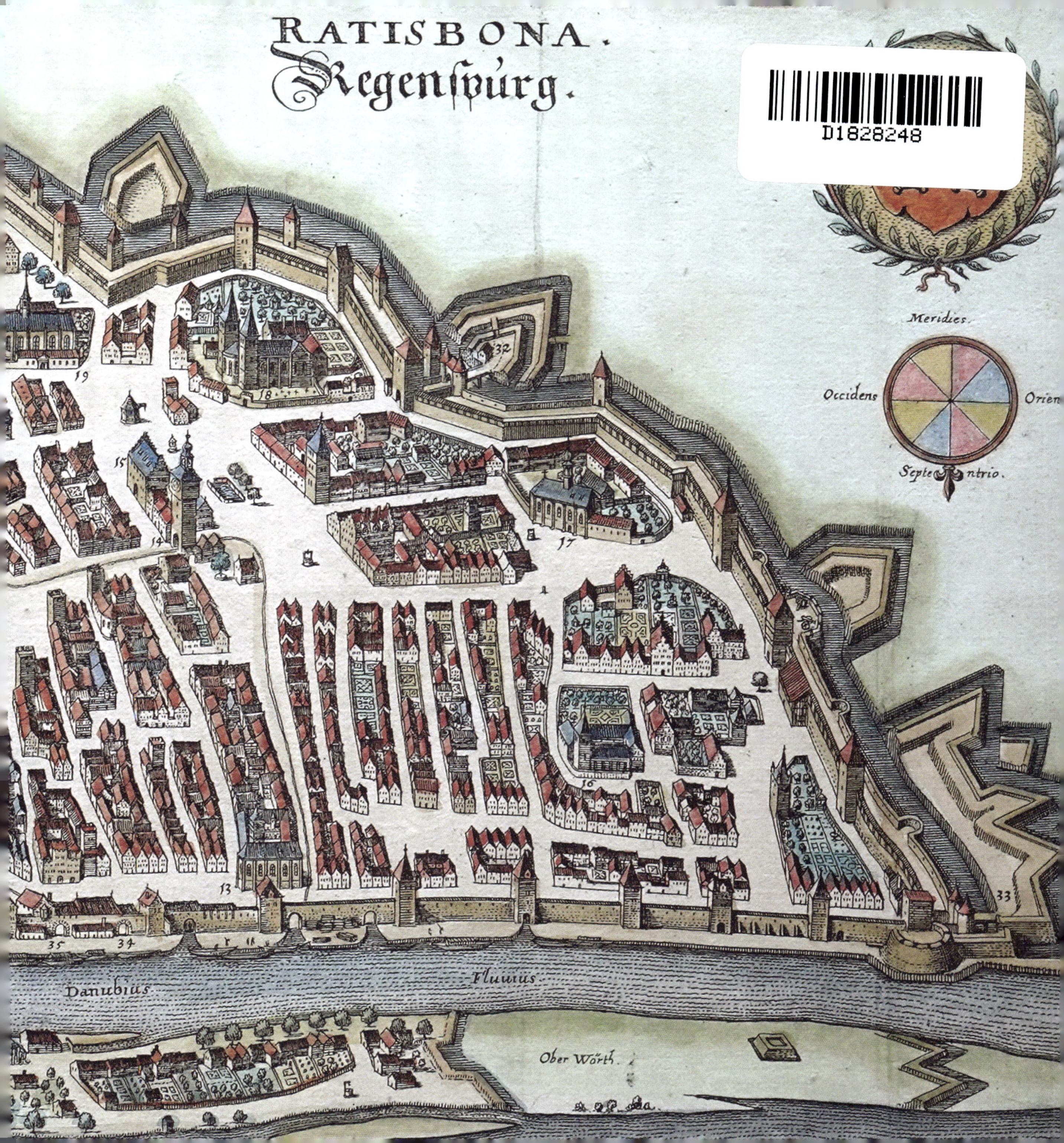
RATISBONA.
Regenspurg.
Meridies.
Occidens
Orien
Septe ntrio.
32
19
18
15
14
17
16
13
33
35
34
Danubius
Fluuius
Ober Wörth

Drei wegbereitende

# Frauen des Barock

Ein Vierteljahrhundert
Regensburger (Kultur-)Geschichte
1630–1654

*Klemens Unger*

# Drei wegbereitende Frauen des Barock

Ein Vierteljahrhundert
Regensburger (Kultur-)Geschichte
1630–1654

Welterbe Kulturfonds Regensburg – die Förderer e.V.
2023

**Bibliografische Information der Deutschen Nationalbibliothek**
Die Deutsche Nationalbibliothek verzeichnet diese Publikation in der Deutschen Nationalbibliografie; detaillierte bibliografische Daten sind im Internet über https://dnb.dnb.de abrufbar.


Gutenbergstraße 8 | 93051 Regensburg
Tel. 0941/920220 | verlag@pustet.de

ISBN 978-3-7917-3470-5

Idee: Klemens Unger
Grafik & Satz: Alexander Perottoni
Druck und Bindung: Kelly-Druck
Printed in Germany 2023
Covermotiv: Kaiserin Eleonora Gonzaga Montferrat, Justus Sustermans (KHM-Museumsverband)
Umschlag hinten: Regensburger Lebkuchenmodel (1654), Abformung nach dem Original
im Germanischen Nationalmuseum Nürnberg

Unser gesamtes Programm finden Sie unter
www.verlag-pustet.de

Verlag und Herausgeber danken den Förderern:

# Drei wegbereitende
# Frauen des Barock

## Eleonora Gonzaga Montferrat

(1598–1655)

Zweite Gemahlin Kaiser Ferdinand II.

...............

## Eleonora Gonzaga Nevers

(1630–1686)

Dritte Gemahlin Kaiser Ferdinand III.

...............

## Anna Maria von Salis

(1590–1652)

Fürstäbtissin des freien Reichsstifts Niedermünster

# Inhalt

# Einleitung

In einem Vortrag bei der Österreichischen Kulturvereinigung, zu dem mich emeritierte Botschafter der Republik Österreich eingeladen hatten, sollte ich die Beziehungen Wiens zu Regensburg beleuchten. Über die Krönungen im Regensburger Dom wollte ich vorab eingehendere Studien anstellen – und geriet in den „Strudel" der Geschichte des Dreißigjährigen Krieges.

Die dann aufkommende Corona-Pandemie bot mir Gelegenheit, mich in den Geschichtsbüchern und Quellen zu vergraben. Bei meinen Studien kristallisierte sich der Blick auf ein Vierteljahrhundert Regensburger Kulturgeschichte heraus – von 1630 bis 1654. Und als Erkenntnis bleibt, dass in dieser Zeit drei „große" Frauen in Regensburg Wegbereiterinnen für die faszinierende Epoche des Barock (im Donauraum) geworden sind: Kaiserin Eleonora Gonzaga Montferrat, Kaiserin Eleonora Gonzaga Nevers und Fürstäbtissin Anna Maria von Salis – was bisher weitgehend unbekannt war.

Korrekterweise muss für den bayerischen Raum zumindest noch eine Vierte genannt werden, Henriette Adelaide von Savoyen (diese wird aber erst nach dem zu betrachtenden Zeitraum von 1630 bis 1654 relevant – 1652 wird sie mit dem bayerischen Kurfürsten Ferdinand Maria vermählt –, und zu Regensburg hat sie wenig Bezug). Aber auch sie spielte eine gestaltende, politische Rolle (beispielsweise ließ sie sich 1662 im Bett von München zum anstehenden Reichstag nach Regensburg tragen – schwanger und kränkelnd –, um ihre Beziehungen spielen zu lassen. hren kleinen Sohn hatte sie vorsichtshalber bis Landshut mitgenommen und dort auf der Trausnitz in Obhut gegeben).

Die beiden Gonzaga-Kaiserinnen sind in Österreich für Kunst und Kultur prägend geworden und in Erinnerung geblieben. Die Regensburger Fürstäbtissin aber, die in der protestantischen Reichsstadt die erste umfassende Barockisierung einer katholischen Kirche gestaltete, ist nahezu in Vergessenheit geraten.

Ihr Beziehungsgeflecht zu den Wittelsbachern, Lothringern und Medici sowie zur schweizerischen Verwandtschaft zeigt aber, dass ihre Bedeutung weithin verkannt wird.

Deshalb soll ihr und dem Chiavenna-Taufers-Regensburger Zweig des alten rätischen Geschlechts in einem zweiten Teil Aufmerksamkeit geschenkt werden. Dabei sollen im Wesentlichen in einem Exposé die Forschungen des Benediktinerpaters Nicolaus von Salis aktualisiert und erweitert werden.

Der Bruder Anna Marias, Johann Wolfgang von Salis, war in die Regensburger Geschichte und den europäischen Krieg eingebunden.

Reichs- und Kurfürstentage in Regensburg versuchten, die Geschicke der Zeit politisch zu gestalten. Neben Katastrophen, Krieg und Pest aber gewinnt das kulturelle Leben mit Krönungen von Kaiserinnen und Königen – und der Kraft der Kunst. Glanz und barocke Festesfreude breiten sich aus in der alten Ratisbona – vor allem in der 1648 anbrechenden Friedenszeit. Oper, Oratorium, Akademien und prachtvolle Feste verdanken wir den beiden „Italienerinnen".

Neue Quellenfunde und erstmalige Veröffentlichung von unbekannten Dokumenten bereichern die Texte. Ebenso werden erstmals die Bilddokumente aller fünf Krönungen im Regensburger Dom präsentiert. Auch wenn die Motive nahezu gleich erscheinen, so kann der Fokus auf die Details gelegt werden, z.B. der ältesten Darstellung einer Orgel im Dom auf dem Lettner (1630) oder, bei der letzten Krönung 1653, der drei Baldachine für Kaiser, Kaiserin und König.

Mein Dank gilt den unterstützenden Institutionen und Persönlichkeiten, Dr. Erhard Busek, PD Dr. Doris Gerstl, Dr. Wilhelm Pfaffel, Dr. Bernhard Lübbers und Prof. Martin Kellhuber. Besonderer Dank für Rat und Unterstützung gebührt Petra Huber, Michaela Fichtl und Lorenz Baibl. Der Vortragscharakter ist im Text grundsätzlich beibehalten.

*Klemens Unger*

*Mantua, Palazzo Ducale, camera degli Sposi, Fresko von Andrea Mantegna*

Zunächst drei Vorbemerkungen:

## 1. Die Gonzaga

Die Gonzaga waren die Herzöge von Mantua, ein ganz herausragendes Herzogsgeschlecht in Oberitalien. „Die Welt blickte damals auf jene oberitalienischen Fürstenhöfe, vornehmlich Mantua, Florenz, Ferrara“ (Stefan Kunze).

1622 heiratet Kaiser Ferdinand II. in zweiter Ehe Eleonora Gonzaga Montferrat. Sie gilt als eine besondere Schönheit, als die schöne Italienerin am Wiener Hof. Sie wurde im Kloster St. Orsola in Mantua erzogen, ist sehr gebildet, sehr musikalisch, sehr fromm. Sie stiftet Klöster und entsprechende kirchliche Einrichtungen, z.B. die Herzgruft in der Wiener Augustinerkirche. Seit dieser Zeit wurden die Herzen der Habsburger Herrscher und ihrer Frauen dort bestattet.

*Savoy, Piemont, Montferrat (rot) und Genua, colorierter Kupferstich*

*Wappen der Eleonora von Mantua, colorierter Kupferstich*

Eine besondere Bedeutung kommt für Eleonora der Musik zu, insbesondere der Oper, die sie an die Donau bringt. Matthias Schnettger schreibt: *„Eleonora Gonzaga wuchs an einem der glänzenden Höfe Italiens auf, der in den bildenden und darstellenden Künsten, der Musik und auch der Wissenschaft eine führende Rolle beanspruchen konnte."* Das Geschlecht der Gonzaga erlebt zur Zeit Eleonoras seinen Höhepunkt. Als dann der letzte im Mannesstamm 1627 stirbt, führt das zu heftigen Auseinandersetzungen zwischen Frankreich und Habsburg um die Vorherrschaft in Oberitalien. So kommt es, dass der Kaiser 1629 Mantua mit 20.000 Mann belagert. Mantua ist kriegerisch nie besonders bedeutend gewesen, gilt allerdings als eine Hochburg der Kultur und der Künste. Andrea Mantegna hat

*Vincenzo I. Gonzaga, Herzog von Mantua/Montferrat (1562–1612), Vater der Eleonora Gonzaga Montferrat, Frans Pourbus der Jüngere*

*Kaiserin Eleonora Gonzaga Montferrat, Justus Sustermans, KHM Wien, Schloß Ambrass Innsbruck*

im Stadtpalast freskiert, Giulio Romano den Palazzo del Te gebaut. Der Hofkapellmeister heißt Claudio Monteverdi, der Hofmaler Peter Paul Rubens; die Gonzaga schicken diesen einmal nach Rom, um ein Skandalbild zu erwerben: den Marientod von Caravaggio. Er hatte eine ertrunkene Kurtisane als Modell für die tote Maria gemalt. Das war natürlich der Skandal schlechthin in Rom, aber Rubens sichert dieses Bild für die Gonzaga.

*Eleonora Gonzaga als Kind, Peter Paul Rubens, ca. 1602, KHM Wien, Schloß Ambrass Innsbruck*

*Titelseite des Theatrum Europaeum, Kupferstich*

## 2. Matthäus Merian

Bei den folgenden Ausführungen beziehe ich mich insbesondere auf Matthäus Merians deutschsprachiges Geschichtswerk „Theatrum Europaeum“.

## 3. Zum Dreißigjährigen Krieg

1618 der Prager Fenstersturz, 1620 die Schlacht am Weißen Berg bei Prag; der bayerische Herzog Maximilian I. siegt und bekommt in der Folge 1623 auf dem Fürstentag im Regensburger Bischofshof die Kurwürde zugesprochen. 1627 wird in der Reichsstadt – während des Dreißigjährigen Krieges wohlgemerkt – der Grundstein für die Dreieinigkeitskirche gelegt.

1542 hat sich Regensburg nämlich zum Protestantismus bekannt. Es gibt dort drei protestantische Kirchen, St. Oswald, die Neupfarrkirche und eine Simultankirche, die Dominikanerkirche. In deren Chor beten die Mönche, im Hauptschiff die Protestanten. Diese lassen sich nach langen Verhandlungen ausbezahlen: 7.000 Gulden sollen sie von den Dominikanern bekommen, womit diese die Dreieinigkeitskirche bauen wollen. Allerdings hat ein Bettelorden kein Geld, und so kommt natürlich auch das Bauprojekt zunächst ins Stocken.

*Prag, Kirche Maria vom Siege auf dem Weißen Berg, Fresko in der Hauptkuppel mit dem kaiserlichen und bayerischem Wappen am Triumphwagen, Cosmas Damian Asam 1727/28*

224 Beschreibung

1630.

SERENISSIMA, AVGVSTISSIMA, OPTIMA PRINCEPS, DOMINA, DOMINA ELEONORA, IMPERATRIX GERMANIÆ, HVNGARIÆ, BOHEMIÆ, &c. REGINA, DVCISSA MANTVÆ.

Kaysers Ferdinandi Gemahl wird zur Römischen Kayserin gekrönet.

Donnerstags den 28. Octobris 7. Novembr. Neuen Calenders/ ist Ihrer Majestät Kaysers Ferdinandi Frau Gemahlin Eleonora/ zu Regenspurg in dem Thumb mit stattlichen Ceremonien/ zur Römischen Kayserin gekrönet worden/ welcher Krönung die anwesende Chur- und andere Fürsten/ Grafen und Herren in grosser Anzahl beygewohnet.

Convent zu Regenspurg wird geendet.

Demnach nun alles solcher gestalt/ wie bißhero erzehlet/ bey dem Convent zu Regenspurg verrichtet worden/ hat derselbe darauf seine Endschafft genommen/ und ist Kayserliche Majestät den 3. (13.) Novembris mit der gantzen Hofstatt/ deß Morgens zwischen 9. und 10. Uhren zu Schiff gangen/ und wiederumb von dannen mit einer schönen Schifffarth abgefahren: Auff dem Kayserlichen Schiff waren 10. Fahnen/ auff den andern weniger/ und war sonst alles sehr herrlich gezieret. Die Chur- und andere Fürsten und Herrn haben Ihre Majestät biß zum Schiff begleitet/ und daselbst die Valediction/ welche fast eine gantze Stund gewähret/ genommen. Darauff ist den 24. Novembris Ihre Majest. zu Wien wiederumb glücklich angelanget/ die Churfürsten/ Fürsten/ Graffen und Herren haben sich auf solchen Kayserlichen Abzug nach und nach wieder gen Hauß begeben.

Und damit der Leser desto bessern Bericht haben möge/ was vor hohe Kays. und Königl. Personen auch Chur-Fürsten und Stånd/ auch deroselben Gesandten auff diesem Hochansehnlichen Collegial-Tag beysammen gewesen/ so haben wir ihm die Verzeichnüß derselben hiemit gleicher gestalt ertheilen wollen.

Nemblichen seynd zugegen gewesen Ferdinandus II. Römischer Kayser. Eleonora Kayserin. Ferdinandus III. König zu Hungarn und Böheimb. Anshelmus Casimirus Churfürst zu

Mayntz

*Kaiserin Eleonora Gonzaga Montferrat, Kupferstich aus Theatrum Europaeum, Kupferstich*

*Kurfürstentag Regensburg, Kupferstich, 1630*

## 1630 – ein Schicksalsjahr

Am 4., 5. und 6. Februar kann am Himmel „der grausame Komet“ beobachtet werden. Die Erscheinung wird als Zeichen drohenden Unglücks gedeutet.

Am 9. Juni trifft Ferdinand II. mit seiner Gemahlin Eleonora Gonzaga Montferrat sowie zwei Prinzessinnen in Regensburg ein. Ein prachtvoller Auftritt! Der Tross umfasst 2690 Pferde. Der Kaiser hört sich an, was es an Problemen in der Reichsstadt gibt, darunter die Schwierigkeiten beim Bau der Dreieinigkeitskirche. Daraufhin spendet er den Dominikanern 4.000 Gulden, sodass die Schulden beglichen werden können und die Dreieinigkeitskirche zügig weiter gebaut werden kann.

Ferdinand II. hat zum Kurfürstentag nach Regensburg geladen. Die beiden protestantischen Kurfürsten – der lutherische von Sachsen und der calvinistische von Brandenburg – haben sich wegen Kriegesnöten und Geldsorgen entschuldigen lassen, so kommen nur die katholischen. Der Krieg scheint für den Kaiser so gut wie gewonnen zu sein. Golo Mann schreibt: „Als nun Ferdinand ihnen seine von unbeirrbarer, frommer Selbstgerechtigkeit durchträngten Propositionen machen lässt“ (also ihnen vorschreiben möchte, was Sache ist) „ihre Hilfe gegen Frankreich, die Niederlande, Schweden fordert und die Wahl seines Sohnes zum römischen König, das ist designiertem Nachfolger, betreibt, erhält er zur Antwort, erst sei die viel brennendere Frage des kaiserlichen Heeres und Oberkommandos zu klären: Die barbarische Tyrannei des Herzogs von Friedland (Wallenstein) sei zu beenden, der General müsse weg. Der Kaiser hört es und kapituliert.“

Am 3. Juli 1630 wird der Kurfürstentag eröffnet. Was damals niemand wissen kann: Am 6. Juli landet Gustav Adolf auf Usedom in Pommern mit 13.000 Mann – und dank entsprechendem Zulauf hat er bald 40.000 Mann in seinem Heer.

Am 18. Juli ereignet sich der Sacco di Mantua: Die Kaiserlichen stürmen Mantua, rauben und plündern. Viele große Kunstschätze werden von Feldherren, deren Namen wir im weiteren Kriegsverlauf wieder hören werden – Gallas, Aldrini, Piccolomini – auf Ochsenkarren nach Wien transportiert. (Eleonora hatte sich seit 1627 erfolglos um einen Ausgleich bemüht, dem der spätere Frieden im Wesentlichen entsprach.) Pater Joseph, Beichtvater und enger Berater Richelieus, auf den die Bezeichnung „graue Eminenz“ zurückgeht, meldet sich auf dem Wege nach Regensburg heimlich bei Wallenstein in Memmingen. Ferdinand und alle katholischen Kurfürsten führen sehr unerfreuliche, hitzige Gespräche. Am 13. August wird der Druck auf den Kaiser so stark, dass er den Entschluss zur Absetzung Wallensteins fasst.

Am 4. September erreicht der päpstliche Gesandte Mazarin, der spätere Nachfolger Richelieus, in Mantua einen Waffenstillstand. Am 13. Oktober 1630 kommt es, unter maßgeblichem Einfluss Père Josephs, zu den Regensburger Verträgen zwischen dem Kaiser und der französischen Gesandtschaft, die der Pater insgeheim leitet. Richelieu überzeugt Ludwig XIII. nur mit Mühe: Erst 1631 werden diese Regensburger Verträge ratifiziert. Das bedeutet: Eine Nebenlinie der Gonzaga bekommt das Herzogtum Mantua zugesprochen.

In Regensburg geht der Bau der Dreieinigkeitskirche zügig voran.

Die Kaiserin Eleonora ist in Regensburg anwesend, eine fromme, gebildete Frau. Sie wünscht die „Schöne Maria“ von Albrecht Altdorfer zu sehen. Der protestantische Rat der Stadt lässt mitteilen, das Bild sei nicht auffindbar. Und der Superintendent von Regensburg Salomon Lenz schreibt dem Rat der Stadt, die „Schöne Maria“ dürfe niemals an den Kaiser ausgeliefert werden. Die „Schöne Maria“ kennt man in der katholischen Welt allenthalben.

Walter Boll schreibt, auf Veranlassung der Kaiserin Eleonora sei die Schöne Maria 1630 in den Besitz des Kollegiatstifts St. Johann gelangt. Noch vor 100 Jahren – in den 1920er Jahren – wusste niemand mehr, wo die Schöne Maria von Albrecht Altdorfer verblieben war. Auf dem Seitenaltar in St. Johann gibt es eine Darstellung, die Ähnlichkeit mit der Altdorfer-Maria aufweist, nur gibt es dabei einige Diskrepanzen.

Erstens das Format: Das Bild in St. Johann hat oben noch einen halbrunden Rahmen, zweitens weist es (als hochformatiges Bild) im unteren Bereich deutlich mehr Fläche auf, und drittens hat es einen Goldhintergrund. Das ist bei Altdorfer undenkbar. In seinen Bildern findet sich entweder die Landschaft oder der dramatische Hintergrund.

In den 1930er Jahren kommt der Direktor des Bayerischen Nationalmuseums nach Regensburg, um die große Altdorfer-Ausstellung, die 1938 in München stattfinden soll, vorzubereiten. Er bittet das Stiftskapitel St. Johann, das Bild mitnehmen und untersuchen zu dürfen. Das Ergebnis: Die Holztafel wurde oben und unten verlängert, und unter drei Malschichten kommt Altdorfers „Schöne Maria“ zum Vorschein.

*Schöne Maria von Albrecht Altdorfer, Stiftskirche St. Johann, Regensburg: historischer Zustand des Seitenaltares in St. Johann – colorierter Holzschnitt – freigelegtes Original*

Dazu habe ich eine – womöglich gewagte – These. Der Rat der Stadt wollte das Bild nicht hergeben. Der Superintendent ist strikt dagegen, doch die Kaiserin will es unbedingt haben. Folglich muss es jemanden gegeben haben, der vermittelte und zu einer eleganten Lösung beizutragen wusste.

*Krönung der Kaiserin Eleonora Gonzaga Montferrat, Regensburg, Dom St.Peter, 1630, Kupferstich*

Nun gibt es einen hochangesehenen Regensburger Bürger, der im Hause Albrecht Altdorfers in der Oberen Bachgasse wohnt. Die Leistung dieser Familie klingt noch heute jeden Sonntag über den Dächern der Stadt. Johann Georg Schelchshorn vertritt eine renommierte Glockengießerfamilie und ist eine Ausnahme: Er ist katholischer Bürger in der protestantischen Stadt.

Schelchshorn-Glocken erklingen in den beiden Domtürmen, in der Neupfarrkirche, in der Dreieinigkeitskirche und in St. Emmeram. 1629 wird die große Glocke für die Dreieinigkeitskirche gegossen. Schelchshorn dürfte mitbekommen haben, was im Rathaus gespielt wurde. Und er hatte wohl ausreichend Einfluss, um zu erreichen, dass das Bild an die Kaiserin kam, ohne die Protestanten zu brüskieren. Und deshalb – so meine Annahme – wurde das Bild nicht unwesentlich verändert, vergrößert und übermalt: Damit konnten beide Seiten das Gesicht wahren.

Am 7. November 1630 wird Eleonora Gonzaga Montferrat im Dom zu Regensburg zur Kaiserin gekrönt. Das ist ein ganz herausragender ritueller Akt und eine wichtige Zeremonie in der Geschichte der Habsburger wie auch in der des Heiligen Römischen Reichs Deutscher Nation. Es gibt die Wahl zum Kaiser, aber noch wichtiger ist die Ratifizierung, das heißt die Krönung von Kaiser und Kaiserin. Die Demonstration von Macht und Prachtentfaltung im Regensburger Dom ist ein prunkvolles Fest, dem großen Zeremoniell allerdings nicht vollständig entsprechend, da es aufgrund des Kriegs in bescheidenerem Ablauf zelebriert wird. Die Kaiserin und der Kaiser residieren im Bischofshof. Die Kaiserin geht nach der Krönung mit ihrem Gefolge dorthin zurück und lädt dann zum Bankett. Das allerdings wäre ein eigenes Thema – das Zeremoniell einer Kaiserinnenkrönung und die anschließenden Festlichkeiten.

Aber Freud und Leid liegen oft nahe beieinander. Ein paar Straßenzüge weiter ringt Johannes Kepler mit dem Tode. Am 15. November 1630 stirbt er. Der Kaiser reist bald nach der Krönung am 17. November mit seinem Gefolge wieder ab, d.h. er fährt auf der Donau nach Wien zurück. Mit wie vielen Schiffen? Kaiserliche Flotte, kaiserlicher Hofstaat – das macht 132 Schiffe.

*Keplerhaus, Regensburg*

Dieser Fürstentag in Regensburg ist aber auch für die deutsche Geschichte ganz entscheidend. Dieter Albrecht nennt ihn den „Grundstock für die Stärkung des deutschen Territorialfürstentums im Gegensatz zum absolutistischen Zentralstaat Richelieus“.

Am 16. November 1630 kommt in Mantua eine Prinzessin zur Welt: Eleonora Gonzaga Nevers. Von ihr wird noch die Rede sein. In Cesena heiratet ein gewisser Giovanni Burnacini seine Grazia. In Regensburg zeichnet Johann Georg Bahre die erste, minutiös naturalistische Stadtansicht auf einer 8 Meter langen Rolle, die heute noch wissenschaftlich und historisch höchst erhellend ist.

*Stadtansicht Regensburg (westlich der Steinernen Brücke), Hans Georg Bahre, 1630, Museen der Stadt Regensburg*

*Dreieinigkeitskirche Regensburg, Theatrum Europaeum*

*Einweihung der Dreieinigkeitskirche, J.J. Schwentner und M.Merian, Kupferstich, 1631, Staatl. Bibliothek Regensburg*

## „Nun danket alle Gott…“

*Kirchenlied,*

*Text: Martin Rinckart 1636,*

*Melodie: nach Johann Crüger (1647) 1653*

# Frühbarock trotz Krieges in Regensburg

Die wohl bedeutendste Frau des 17. Jahrhunderts in Regensburg, Anna Maria von Salis, hat mittlerweile die Niedermünsterkirche barockisiert. Die Vorhalle (1621), ein neues Deckengewölbe mit Grisaille-Malerei (1625) und die Innenausstattung werden geschaffen. Als ein Hauptwerk des Frühbarocks in der deutschen Kunst entstehen um 1630 bei Georg Petel in Augsburg – er ist von seinen Aufenthalten in Italien und den Niederlanden geprägt – die Skulpturen Christus und Magdalena. Die etwas mehr als lebensgroßen Bronze-Figuren lässt die Fürstäbtissin unter dem Chorbogen aufstellen. Leider wurde dieses herausragende Kunstwerk nach der zweiten Barockisierung im 18. Jahrhundert an die Wand versetzt.

*Niedermünster Regensburg, Magdalena, Georg Petel, um 1630*

Ein Jahr später, am 5. Dezember 1631, veranstaltet Regensburg ein großes Fest. Die Eröffnungsfeierlichkeiten der Dreieinigkeitskirche dauern mit einer Stunde Unterbrechung von 8 Uhr morgens bis nachmittags um halb fünf. Bisher ist Regensburg im Dreißigjährigen Krieg glimpflich davon gekommen. Aber das wird sich bald ändern.

Im April 1632 besetzen teils bayerische Truppen – eine Art von Schutztruppen – mit 4.000 Mann Fußtruppen und 200 Reitern Regensburg. Evangelische Bürger stellen sich ihnen entgegen. 40 von ihnen werden dabei getötet. Dann kommt es zu Kontributionen, Gewalt, Hunger und Elend. „Gott bewahre uns künftig für allen solchen gefährlichen Kriegs-Ungemach": Christine Gottfriedsen hat zwei Berichte über diese Ereignisse aus protestantischer Sicht aus dem Evangelischen Archiv beim Historischen Verein publiziert.

Auch der 1632 wieder eingesetzte Wallenstein, den die Regensburger um Unterstützung bitten, kann nicht helfen. Im November 1633 beginnen die Kämpfe mit den Schweden vor Regensburg. Der bayerische Stadtkommandant lässt das dritte Joch der Steinernen Brücke sprengen, um die Schweden an der Einnahme der Stadt zu hindern; noch trauriger oder dramatischer ist, dass er alles, was außerhalb der Stadtmauer liegt, dem Erdboden gleichmachen lässt. Das betrifft z.B. die Friedhöfe St. Lazarus und St. Peter, womit auch das Keplergrab verloren geht. Der Stadtkommandant will freie Sicht haben.

Georg Greflinger, der sich „aus Regensburg" nennt, „eine der ersten deutschen Journalistenpersönlichkeiten dauernden Ranges" (Elger Blühm) und Dichter, schreibt in seinem Versepos zum Dreißigjährigen Krieg unter dem Pseudonym „Celadon von der Donau" zum 4. November 1633: *„In dem der Feria sehr wenig kunte feyern, / ging Bernhard wiederum zu rucke nach den Beyern / und überrumpelte das Kelheim, welchen Ort / er stark bemannen ließ, und dann in eyle fort / vor Regensburg gerieth. Es wurd in zehen Sonnen / begehrt, bedraut, beringt, beschossen und gewonnen. / Ganz Wien erschrack hierob. Es war bisher sein Damm / hier folgten Straubingen, Burcklengenfeld und Camm."*

*Deutschlands dreyssigjähriger Krieg, Titelseite, Georg Greflinger, Bayer. Staatsbibliothek München*

Am 14. November beginnt Bernhard von Sachsen-Weimar den Angriff auf Regensburg. Einen Tag später ziehen die Schweden kampflos in die Stadt ein. Natürlich versuchen sie, ihre Macht auszuspielen: Sie gehen mit den Katholiken alles andere als glimpflich um. Der Regensburger Bischof und der Dompropst werden gefangen genommen; Bischof Albert von Törring wird sogar auf die Marienfeste nach Würzburg gebracht. Der Dom wird konfisziert. Dort werden ab sofort evangelische Gottesdienste gefeiert, und nun wird Regensburg von der anderen Seite geplündert.

Obwohl der protestantische Glaube seit 1542 Stadtkonfession ist, existierten bemerkenswerterweise weiterhin viele Klöster in der topographischen Einheit Regensburgs, einige davon reichsunmittelbar. Die Dominikanerinnen und die Dominikaner, die schottischen Benediktiner, die Benediktiner von St. Emmeram, die Jesuiten in Mittelmünster, die Augustiner am Neupfarrplatz, die Klarissen am Klarenanger, die

XVII. Woche. 24. Aprilis 1703.

1703

Gedächtniß-Thaler /
Auf die von Hertzog BERNHARDO zu Sachsen 1633. geschehene Eroberung der Reichs-Stadt Regenspurg.

BERN HAR DVS SAX: DVX VICTOR RATISPONAM INGREDITVR IV. NOV: 1633

Auf der ersten Seite: Die Stadt Regenspurg mit der daran fliessenden Donau: darüber derselben von 2. Engeln gehaltenes Wapen.

Auf der andern/ bloß die Worte: BERNHARDVS SAX: DVX VICTOR RATISPONAM INGREDITVR IV. NOV. 1633.

Weil es von der Stadt Regenspurg/ welche jüngsthin am 8. Aprilis beynahe in des Churfürsten von Bayern Hände verfallen/ bey ihigen Conjuncturen vielfältig Gelegenheit geben wird etwas zu melden/ wollen wir anitzo nur das merckwürdigste/

X wor-

*Medaille auf den Sieg Bernhards von Sachsen-Weimar, Kupferstich*

*Belagerung Regensburgs durch die kaiserlichen Truppen, Juli 1634, Kupferstich*

Minoriten und die Kapuziner in der östlichen Altstadt; Ferdinand II. will zudem die Karmeliten nach Regensburg bringen.

Am 15. Mai 1634 stehen die Kaiserlichen vor Regensburg. Etwa auf dem heutigen Universitätsgelände ist ihr Hauptquartier. Auch dieses Mal kommt es „glücklicherweise“ nicht zum Kampf, bei dem die Stadt natürlich schwerstens getroffen worden wäre. Nach zweimonatiger Belagerung, am 17. Juli, kann das

kaiserlich-ligistische Heer Regensburg zurückerobern. Den Schweden wird freier Abzug zugesagt, und so wird unermessliches Leid vermieden.

Zwar ist die Stadt wieder frei, aber sie wird sofort von Truppen des Kaisers besetzt. Dieser traut dem Kurfürsten Maximilian nicht, der die Reichsstadt Regensburg schon lange seinem Kurfürstentum einverleiben möchte. Die Stadt steht wieder unmittelbar unter dem „Schutz" des Kaisers.

Verheerender Weise bricht ausgerechnet in dieser schicksalhaften Zeit die Pest aus. Ein Fünftel der Bevölkerung Regensburgs stirbt, etwa 3000 Menschen. 1635 kommt der Prager Frieden mit Brandenburg und mit Kursachsen zustande. Der Kaiser hebt die Restitution auf, also die Beschlagnahmung der geistlichen Besitzungen, die sich die Evangelischen seit 1552 angeeignet hatten. Aber Frankreich verbündet sich nun endgültig mit Schweden. Es beginnt die Phase des Französisch-Schwedischen Krieges.

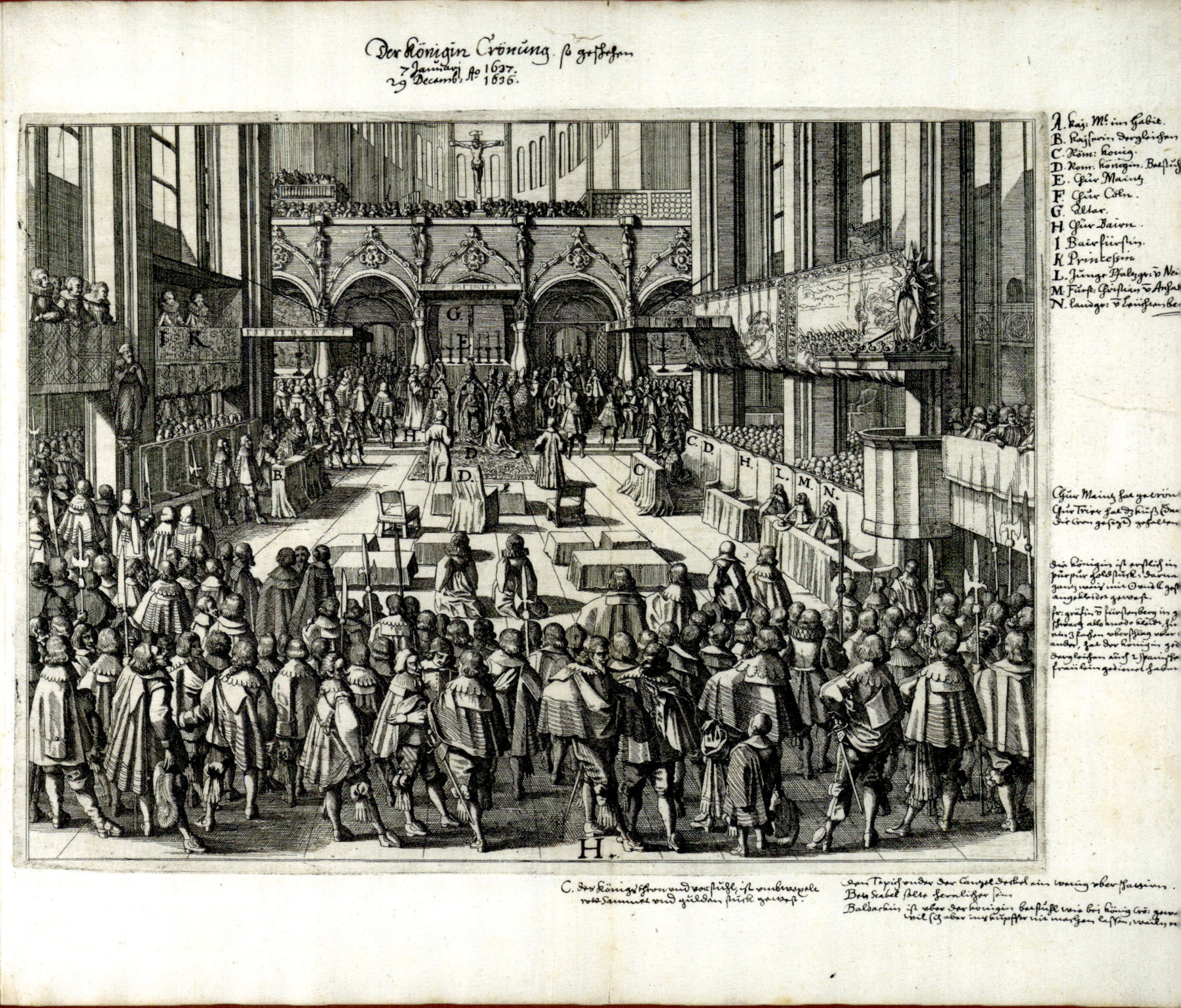


Regensburg, Dom St. Peter, Krönung Maria Annas zur röm. Königin, 1637

*Kaiserin Maria Anna von Spanien mit ihrem ältesten Sohn Ferdinand (IV.), Friedrich Stoll, KHM Wien, Schloß Ambrass Innsbruck*

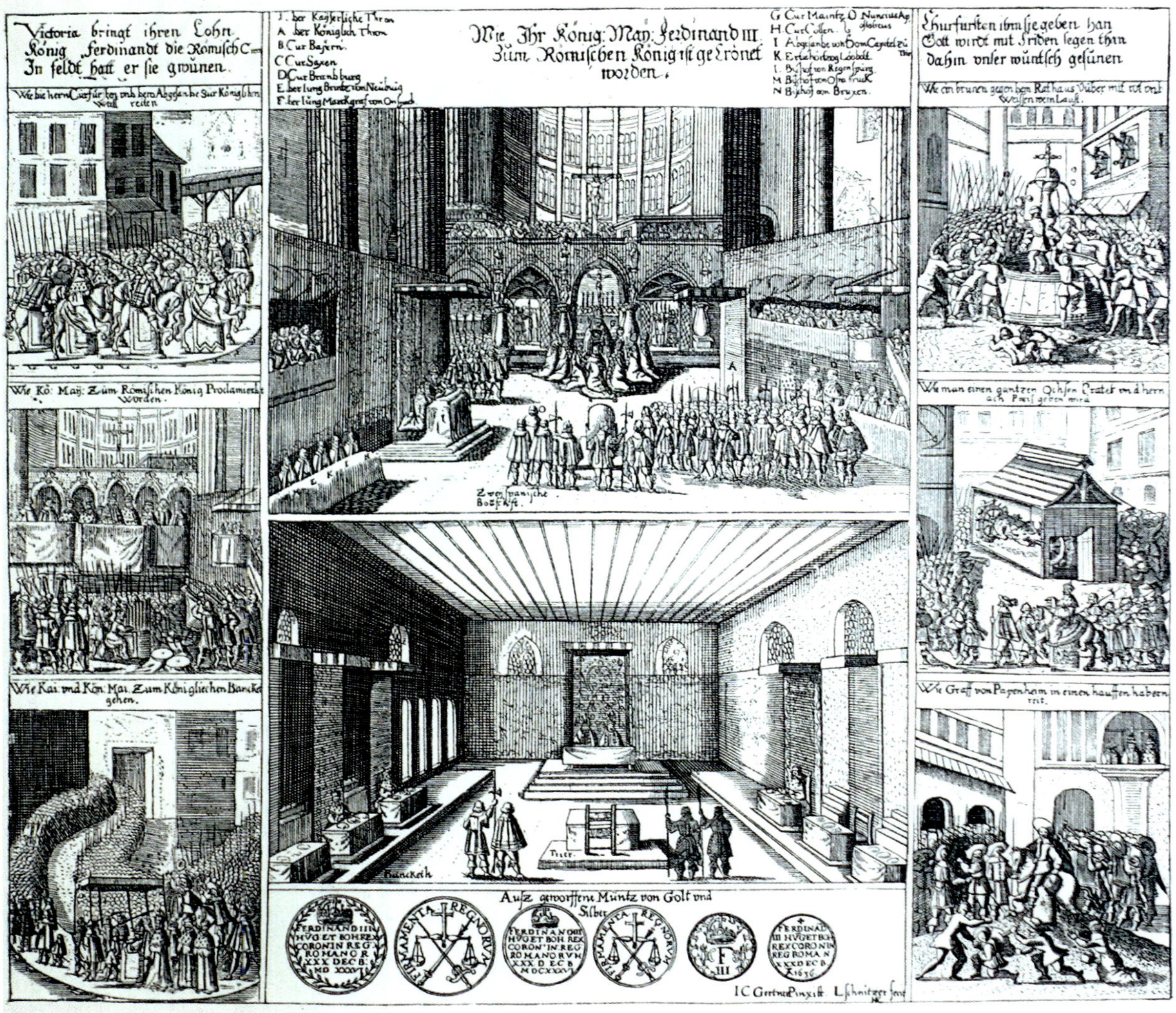


*Regensburg, Dom St.Peter, Krönung Kaiser Ferdinand III., Reprint 1885*

1636 beruft Kaiser Ferdinand II. wieder einen Kurfürstentag nach Regensburg ein. Diesmal geht es ihm vor allem um die Regelung seiner Nachfolge. Am 22. Dezember wird sein Sohn zum römischen König gewählt, am 30. Dezember 1636 im Dom zum König gekrönt. Es muss ein furchtbar kalter Wintertag gewesen sein.

Im Januar 1637 wird die erste Gemahlin König Ferdinands III., Maria Anna, Tochter Philipps III. von Spanien, im Regensburger Dom zur Königin gekrönt. „Diese Krönung … war ein reichsverfassungsgeschichtliches Unikum: Es handelt sich um den einzigen Fall der Krönung einer Königin im Alten Reich nicht nur zu Lebzeiten, sondern auch in Anwesenheit einer regierenden Kaiserin“ (Katrin Keller). Der spanische Gesandte lädt am Abend ein, illuminiert alle 24 Fenster in seinem Palast am Emmeramsplatz, und aus den Fenstern werden 20 Eimer Wein, Brot, Braten, Äpfel und Schinken an die Regensburger Bevölkerung verteilt, und das mitten im Krieg – auch an Angehörige der gegnerischen Konfession. Es war ein großes, prachtvolles Fest. Kaiser Ferdinand II. reist todkrank im Schlitten aus Regensburg ab. Am 15.Februar stirbt er in Wien.

(Hier eine Zwischenbemerkung zur Bevölkerung:
Europa hat am Anfang des Dreißigjährigen Krieges ungefähr 50 Mio. Einwohner, 80 Prozent von ihnen sind Analphabeten. Der Bildungsschicht gehören europaweit damals ca. 20.000 Menschen an, die lesen und schreiben können. Aber trotzdem, wo die Bildung blüht, dann natürlich mit voller Kraft.)

Ferdinand III. ist nun Kaiser. Die wichtigsten Symbole seiner Herrschaft – die Krone, das Zepter und der Reichsapfel – liegen in der Schatzkammer in Nürnberg. Also müssen diese Reichsinsignien immer dann, wenn in Regensburg eine Krönung stattfindet, von Nürnberg nach Regensburg gebracht werden.

Am 5. Juni 1640 zieht der neue Kaiser mit großem Gefolge in Regensburg ein. Dieser einzige Reichstag während des Krieges bringt zwar keine großen Ergebnisse zustande, aber es werden hier in Regensburg beispielsweise Münster und Osnabrück als Orte für Friedensverhandlungen bestimmt.

*Kaiser Ferdinand III. Kupferstich aus Theatrum Europaeum*

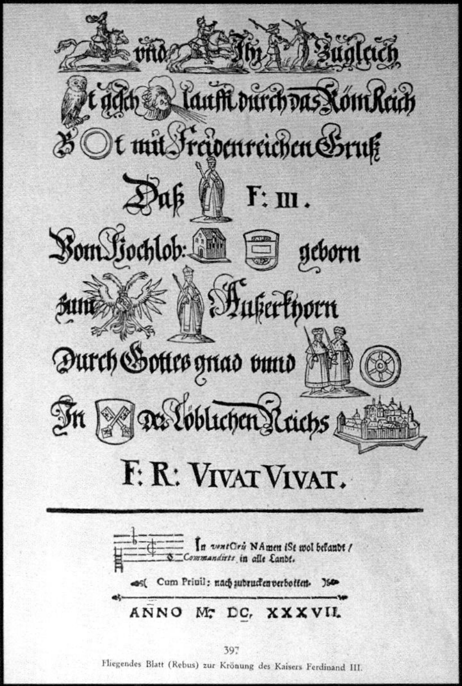


*Flugblatt zum neuen Kaiser Ferdinand III.*

*Reichstag 1640, Reichssaal Regensburg, Kupferstich*

*Reichssaal Regensburg, heutiger Zustand*

*Münster, Rathaus*

*Osnabrück, Rathaus*

# Der liebe Gott rettet das Reich – und Regensburg

Im Januar 1641 rücken die Schweden wieder bis in die Nähe Regensburgs vor. Johan Banér, der gefürchtete Feldherr der Schweden, steht vor der Stadt, in der der Kaiser und die Kurfürsten wie in der Falle sitzen! 500 Kanonenkugeln prasseln auf Regensburg nieder. Die Einnahme scheint nur noch eine Frage der Zeit zu sein. Das Schicksal aber ist dem Heiligen Römischen Reich und Regensburg gnädig: Das Wetter schlägt radikal um. Ein Eisstoß mit anschließendem Hochwasser setzt ein, die Donauufer werden unpassierbar, und damit ist die Invasion für Banér, der am nördlichen Ufer liegt, erledigt. Er zieht sich zurück.

1641 wird in Regensburg auf Betreiben Kaiser Ferdinands III. (und seiner Gemahlin Maria Anna) ein bemerkenswerter Grundstein gelegt: In der protestantischen Freien Reichsstadt wird an einem der prominentesten Plätze die Karmelitenkirche gebaut. Dabei entsteht die einzige barocke Schaufassade eines Sakralbaus in der Stadt.

*Karmelitenkirche Regensburg, Martin Engelbrecht, colorierter Kupferstich*

# 1642: Feiern und Feuer

Richelieu stirbt, Mazarin wird sein Nachfolger. Galilei stirbt, Monteverdi komponiert seine Oper „Die Krönung der Poppea“ und stirbt ein Jahr darauf. Die Regensburger feiern groß bzw. kriegsbedingt klein hundert Jahre Reformation in ihrer Stadt.

Und dann muss man noch von einem Brauburschen im Kloster St. Emmeram reden, der 1642 auf dem Dach Schäden mit Blei ausgießen soll. Er macht Brotzeit. Wenn man Blei gießt, muss man dieses natürlich erhitzen. Der Bursche vernachlässigt das Holzkohlenfeuer, und es entsteht ein fürchterliches Inferno. Die Emmeramskirche brennt komplett aus. Die Hitze ist so groß, dass in dem danebenstehenden Campanile die Glocken schmelzen.

Die Emmeramskirche bekommt nun eine bemalte Holzkassettendecke. Diese ist übrigens heute noch im Dionysiuschor erhalten. Denn dort hat Asam später keine barocke Raumschale gestaltet. Die durch die im

*Basilika St.Emmeram, Regensburg, Holzkassettendecke im Dionysiuschor, nach 1642*

17. Jahrhundert eingezogene Orgelempore entstandenen neuen Proportionen des Innenraums der Basilika dürften ihm durchaus entgegengekommen sein.

1642 war in jeder Hinsicht ein katastrophales Jahr. Die verlorene Schlacht bei Breitenfeld spürt man in Regensburg insofern, als Adelige aus Bayern, Böhmen und der Pfalz in Regensburg Zuflucht suchen.

1643 übernachtet in Regensburg ein völlig demoralisierter Kaiser auf der Flucht vor den schwedischen Truppen, ohne irgendein Zeremoniell, für eine Nacht, tags darauf reist er schon wieder weiter. Der Krieg wird immer grausamer.

Nicht zuletzt durch das diplomatische Geschick Graf Maximilian Trautmansdorffs kann endlich am 24. Oktober 1648 der Westfälische Frieden geschlossen werden. Am 3. November wird er in Regensburg von den Kanzeln aller Kirchen verkündet.

Und wie sieht Deutschland nach dem Krieg aus? 15.000 Dörfer existieren nicht mehr. Die Bevölkerung ist durch den Krieg, durch Hunger, Seuchen, Not, Gewalt, Vergewaltigungen usw. von ca. 17 Mio. auf ca. 8 Mio. geschrumpft. Und dennoch: Es lohnt ein Blick auf die europäische Kunst. Rembrandt malt 1648 die Jünger in Emmaus, Sandrart das Gesandtenfestmahl und Bergerac schreibt in Frankreich seine Reise zum Mond fertig.

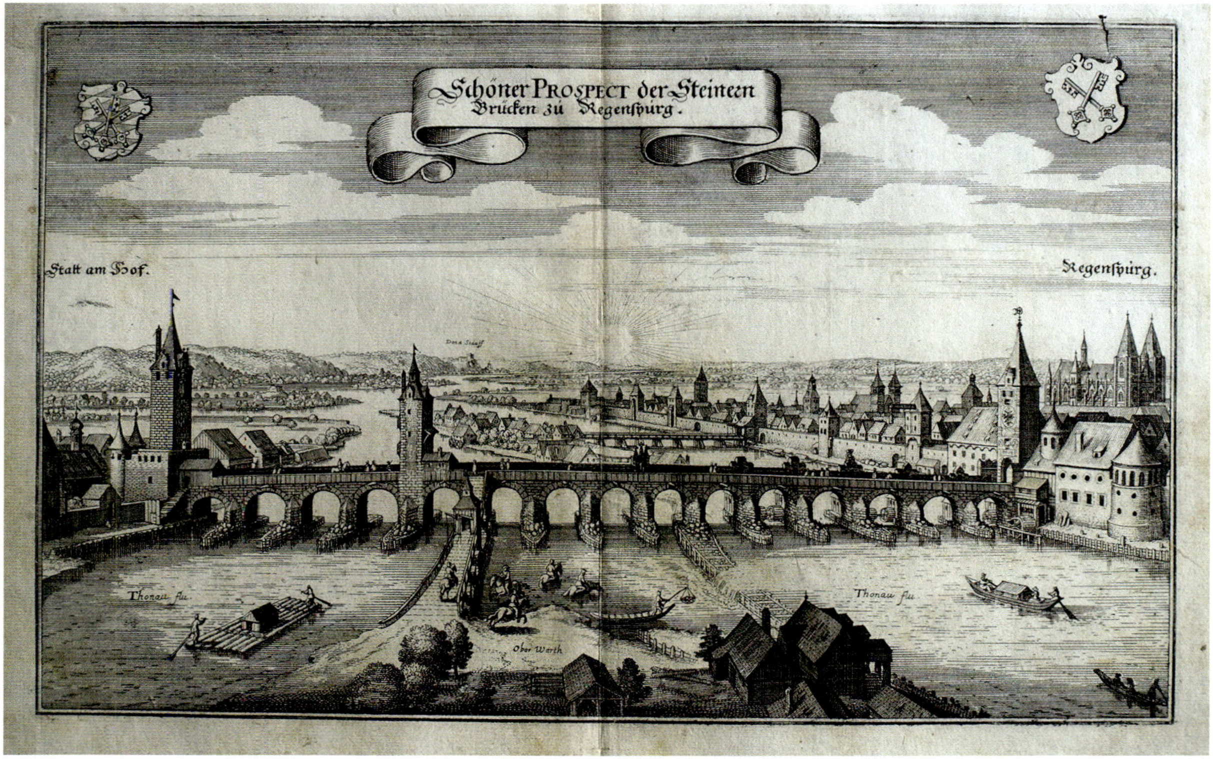


*Steinerne Brücke Regensburg, Topographia Bavariae, Matthäus Merian, Kupferstich, 1644*

Harriet Rudolph bilanziert für Regensburg: „Gerade weil die Reichsstadt ihre Reichsunmittelbarkeit und ihr evangelisches Bekenntnis bewahren konnte und am Ende des Krieges überschaubare Schäden aufwies, fand hier der erste Reichstag 1653 nach dem 30-jährigen Krieg statt." Nun kann sich die barocke Friedensepoche in vollen Zügen entfalten.

Bei den Verhandlungen zum Westfälischen Frieden spielte Fürstbischof Franz Wilhelm Graf von Wartenberg eine maßgebliche Rolle. (Damals hatte ihn schon der Nuntius Fabio Chigi schätzen gelernt, der spätere Papst Alexander VII.; er ernannte Wartenberg im vorletzten Jahr seines Lebens, 1660, zum Kardinal). Im April 1649 wurde er Bischof von Regensburg. Noch im selben Jahre gründete er die Brauerei Bischofshof (das Brauhaus stand im Bereich der heutigen Auffahrt zur Tiefgarage).

Nach Ostern 1650 beruft Fürstbischof Franz Wilhelm Graf von Wartenberg seine erste Diözesansynode in den Dom St. Peter ein. Drei Jahre später konstituiert sich in Regensburg das „Corpus Evangelicorum", das über die Durchführung der Religionsbestimmungen des Westfälischen Friedens, d.h. die Regelungen bezüglich des Zusammenlebens der Konfessionen wachen wollte. Die Vertreter der bayerischen Benediktinerabteien, die bereits 1631 im Kloster St. Emmeram zusammengekommen waren, schlossen sich auf Initiative des Emmeramer Abtes Coelestin Vogl schließlich 1684 zur bayerischen Kongregation zusammen. (Coelestin Vogl ist auch der Verfasser der wichtigen klösterlichen Lokalhistorie „Mausoleum oder Herrliches Grab Sancti Emmerami".)

*Fürstbischof Franz Wilhelm Graf Wartenberg, Lucas Kilian, Kupferstich, 1639*

1650 wird „An der Brunnstube" anstelle eines älteren Vorgängerbaus ein Brunnenhaus errichtet. Die erste städtische Wasserleitung transportiert nun das flüssige Element statt in ausgehöhlten Holzrohren in

Bleileitungen und speist die öffentlichen Brunnen am Arnulfsplatz, Haidplatz, Kohlenmarkt, Neupfarrplatz und Krauterermarkt. Das barocke Quellhaus fasst und sammelt die Flüssigkeit aus einer 79 Meter langen Wassergalerie.

In unmittelbarer Nähe zog das Gnadenbild von Dechbetten damals Pilger in großer Zahl an. „Auch Kaiser Ferdinand III. und seine erste Frau, Maria Anna waren der Gottesmutter von Dechbetten in Liebe zugetan" (Karl Bauer). Die silbernen Kronen auf den Häuptern der Madonna und des Jesuskindes sind ein Geschenk der Kaiserin. Auch mit seiner dritten Gemahlin Eleonora Gonzaga Nevers besuchte der Kaiser (1653) Dechbetten und stiftete vier große silberne Leuchter. Am 22. Dezember 1636, dem Tage seiner einstimmigen Wahl zum römischen König und künftigen Kaiser, hatte er verordnet, dass gegen eine Zahlung von jährlich 400 Gulden hier täglich die „Kaisermesse" unter dem Gnadenbild gefeiert werden solle (bis 1817).

*Dechbetten, Kreidelithographie, Joseph Reitmayr, um 1820*

*Dechbetten, Brunnstube*

# Ein erster Höhepunkt absolutistischer Macht- und Repräsentationsentfaltung

Die zweite Eleonora Gonzaga kam (1628 oder) 1630 in Mantua zur Welt. Nach den Regensburger Verträgen wurde ihrer Familie Mantua zugesprochen, wie Eleonora I wurde sie im Kloster St. Orsola erzogen.

*Kaiserin Eleonora Gonzaga Nevers, Jacob Sandrart, Kupferstich*

1651 heiratet Ferdinand III. in dritter Ehe diese Eleonora Gonzaga Nevers. Übrigens dauerten die Heiratsverhandlungen genauso lange wie bei der ersten Eleonora. Es gibt monatelange Auseinandersetzungen. Es geht auch darum, welche Kunstschätze mitgegeben werden, aber noch mehr, wie hoch die pekuniäre Mitgift ist, der Kaiser braucht Geld. Eleonora I hat 150.000 Doppien bekommen, Eleonora II 100.000 Doppien. 1 Doppie entspricht einem doppelten Dukaten, ein Dukat hat ein Gewicht von rund 3,5 Gramm, was in Summe 690 Kilogramm Gold bedeutet. Ein Hindernis der Eheanbahnung mit Eleonora Gonzaga Nevers war außerdem, dass sie entstellt war: von einem Affenbiss – offenbar im Gesicht –, an dem sie beinahe gestorben wäre.

Die jeweiligen Ehen der Gonzaga mit den Kaisern waren offensichtlich sehr harmonisch und glücklich. Es gibt z. B. keinerlei Hinweise auf Mätressen. Und wir wissen, dass beide Paare jeweils sehr viel Zeit miteinander verbracht haben, weil sie ähnliche Interessen hatten. Eleonora Gonzaga Nevers komponiert beispielsweise, wie ihr Mann. Wenn sie in Regensburg sind, gehen sie gemeinsam zum Wallfahrten nach Mariaort und Dechbetten. Das Kaiserpaar pflegt natürlich das Zeremoniell und die kaiserlichen Pflichten der Repräsentation. Zwar wünscht sich Ferdinand III. eine Reduzierung des Hofstaates, will, dass dieser möglichst eingeschränkt wird. Aber am 12. Dezember 1652 kommt er nach Regensburg doch wieder mit 3000 Personen, darunter 60 Musikanten, drei Hofnarren und drei Zwergen. (Im selben Jahr haben die Regensburger mit dem Bau eines Ballhauses am Ägidienplatz begonnen.)

Ferdinand kommt mit seinem gewaltigen Tross entlang der Donau herauf. In Regensburg warten die Kurfürsten schon auf ihn. Ein Reichstag soll einberufen werden. Die drei geistlichen Kurfürsten – die weltlichen durften nicht mit – kommen ihm bis nach Barbing entgegen, dann kommt es zum großartigen Aufzug in Regensburg. Jeder der Kurfürsten hat seine eigenen Pauker und Trompeter dabei. In der Ostengasse wurde eine Triumphpforte für den Kaiser errichtet, so monumental, dass der ganze festliche Zug durch das Tor einziehen kann. (Zur Erinnerung: Beim Fest der Bayern wurde eine solche Triumphpforte am Domplatz nachgebaut.) Oben auf dem Podest nahm eine Musikkapelle Platz.

Triumphpforte (in der Ostengasse), zwei Kupferstiche, Theatrum Europaeum

Einzug Kaiser Ferdinands III. in Regensburg, Kupferstich, 1652

# Das für Regensburg und Habsburg glückliche Jahr 1653.

Im April 1653 kommt außerdem noch die Kaiserin-Witwe Eleonora Gonzaga Montferrat aus Wien nach Regensburg. Eleonora Nevers bringt am 21. Mai 1653 hier das Töchterlein Eleonora Maria zur Welt, die spätere Königin von Polen. Die Taufe erfolgt unter großer Anteilnahme der Fürsten und des Adels. Die Kaiserin-Schwiegermutter, die Kaiserin-Mutter und die kleine Prinzessin, alle drei heißen Eleonora. Am 18. Juni wird im Dom das nächste große Zeremoniell gefeiert: die Krönung vom Sohn des Kaisers zum römischen König Ferdinand IV. Doch schon ein Jahr später stirbt dieser in Wien an der Pest.

*Eleonora Maria, geb am 17.Mai 1653 im Bischofshof, colorierter Kupferstich*

Am 4. August wird Eleonora Nevers im Regensburger Dom zur Kaiserin gekrönt.

Der Kupferstecher, der uns diese Ansicht hinterlassen hat, kannte den Kupferstich von der Krönung der Stiefschwiegermutter Eleonora von 1630, war aber 1653 offensichtlich nicht persönlich anwesend, denn wir wissen von einem anderen Kupferstich von 1650, der den Dom bei einer Diözesansynode zeigt, dass der Lettner damals schon nicht mehr bestand. Der Kupferstecher hat also im wahrsten Sinn des Wortes „abgekupfert“.

Die Krönungszeremonie besteht aus vier Teilen:

1. Empfang und Einzug des Kaisers und seiner Frau in die Kirche,
2. erster Teil der geistlichen Messe,
3. Konsekration der Kaiserin und Krönung:
   Nach der Segnung legt sich diese mit dem Gesicht auf den Boden (Prostratio), der Konsekrator spricht nun ein längeres Gebet mit Anspielung vornehmlich auf große Frauengestalten aus der Hl. Schrift: um Verleihung von Weisheit und Frömmigkeit (nach dem Vorbild von Sarah und Rebekka), um Standhaftigkeit gegenüber dem Laster (wie Judith), um Weisheit in der Regierung (wie Esther), um göttliche Weisheit (wie David und Salomon), auf dass die zukünftige Kaiserin Gerechtigkeit übe und die Religion liebe.

*Regensburg, Dom St.Peter, Krönung Kaiserin Eleonora Gonzaga Nevers mit Regensburger Stadtansicht, Kupferstich 1653*

Regensburg, Dom St.Peter, Krönung Ferdinand IV. zum röm. König, Kupferstich, 1653

Anschließend wird sie zur Kaiserin gesalbt: zunächst am linken Arm (zwischen Handgelenk und Ellbogen), dann öffnet die Oberhofmeisterin das Kleid etwas zur Salbung des Nackens. Anschließend begibt sich die Kaiserin zur Umkleidung in die Sakristei, erscheint darauf im weißen, von Goldbrokat durchwirktem Kleid. Sodann wird sie vom Kurfürsten von Mainz gekrönt. Die Krone überreicht der Fürstbischof von Regensburg und der Fürstabt von Fulda das Szepter, nun besteigt Eleonora den Thron als Kaiserin und der Lobgesang erklingt.

4. Zweiter Teil der geistlichen Messe.

„Trotz der konfessionellen Demonstrationen waren es jedoch gerade die Krönungsakte von Kaisern und Kaiserinnen, in denen das Alte Reich als christliche Gemeinschaft in der Frühen Neuzeit überhaupt noch erfahrbar wurde“, schreibt Harriet Rudolph.

Wenn Kaiser oder Könige gekrönt werden, gibt es stets ein großes Fest. So auch anlässlich der Krönung von Eleonora Nevers (im Bischofshof) und Ferdinand IV.

*Bischofshof und Dom, Martin Engelbrecht, Kupferstich*

Unter Salutschüssen schreitet die Festgesellschaft aus dem Dom zum Bankett in den Reichssaal. Zu diesem Zwecke – die Regensburger Straßen waren damals nicht die besten – wurde eine hölzerne Brücke von etlichen 100 Metern Länge und knapp 3,5 Metern Breite sowie ca. 30 bis 40 Zentimetern Höhe gezimmert, die vom Dom bis zum Reichssaal führte. Ein Regensburger Ratsherr war extra deswegen nach Kötzting abgeordnet worden, um genügend Holz beizuschaffen. Der Transport ist damals relativ einfach: mit der Trift auf dem Regen nach Regensburg.

Für die Regensburger gibt es einen Brunnen, den sogenannten Weinbrunnen, mit kostenlosem weißem und rotem Wein, beschwingte und tumultartige Szenen inbegriffen.

In einem eigens errichteten Schuppen vor dem Rathaus wird ein Ochs am Spieß gebraten. Dem aber noch nicht genug: Dieser ist mit Fisch, Gans, Schwein und sonstigen Zutaten gefüllt und hat sich ganze acht Tage über dem Feuer befunden. Zuerst werden, genau geregelt, die Stücke für die Festgesellschaft im Reichsaal herausgeschnitten, dann erst können sich die Regensburger bedienen lassen. Auch Gold- und Silbermünzen werden unters Volk geworfen. Bei Einbruch der Nacht gehen die Feierlichkeiten natürlich weiter: Dann kommt die Stunde der großen Feuerwerke (auch eine Erfindung aus Italien). Ein

Beispiel eines barocken Feuerwerks , colorierter Kupferstich

kaiserliches Feuerwerk bzw. die Illumination der Hausfassaden war ein fulminantes Fest, in dem es auch darum ging, die Repräsentation dem Anspruch entsprechend zu inszenieren.

„Die Krönungen zählten zu den Höhepunkten kaiserlicher Prachtentfaltung", schreibt Peter Schmid. 1654, am 17. Mai, wird im Bischofshof den Kurfürsten und Ständen der Reichsabschied vorgelesen. Das sollte der letzte Reichstagshauptabschluss sein, denn knapp zehn Jahre später wird der Immerwährende Reichstag einberufen, der bis 1806 in Permanenz tagen wird. Unmittelbar nach diesem zeremoniellen Akt reist die kaiserliche Familie ab, diesmal mit über 80 Schiffen. Übrigens steht noch im Protokoll, dass die Kaiserin ausdrücklich gebeten hat, auf Kanonen- und Böllerschüsse zu verzichten, denn die kleine Prinzessin sei nicht wohlauf. Die Fahrt der Flotte nach Wien dauerte eine gute Woche.

Abschiedt Der Rö. Kay. May. Und gemeiner Ständt auff dem Reichstag zu Regenspurg Anno 1654. vff gericht.

Cum Gratia & Privilegio Sacræ Cæsar: Majestatis,
Gedruckt in der Chur Fürstlichen Haupt: und Residentz Stadt Mayntz/ Bey Nicolao Heyll/ auff dem Flachsmarck.
Anno M. DC. LIV.

*Abschied vom Reichstag, Kupferstich, 1654*

Kurz zur Geschichte der zwei „Regensburger" Prinzessinnen: Die erste, die 1653 in Regensburg zur Welt kommt, Eleonora Maria, wird mit dem König von Polen vermählt. Die Ehe ist unglücklich, man sagt dem König nach, dass er entweder homosexuell oder impotent sei. Er stirbt drei Jahre nach der Verehelichung. Dann darf Eleonora Maria aber ihren langjährig Angebeteten heiraten, den Herzog von Lothringen. Ihr Herzogtum hat sie allerdings zeitlebens nie betreten können. (Sie ist übrigens eine der Großmütter Maria Theresias.)

*Modell eines kaiserlichen Leibschiffs, Schifffahrtsmuseum Spitz an der Donau/Wachau*

In der Kapuzinergruft in Wien findet man sie alle nebeneinander vereint: auf der linken Seite Eleonora Gonzaga Nevers (Mutter), neben ihr ihre Tochter Eleonora Maria, neben dieser wiederum die zweite Prinzessin Maria Anna Josepha. Die dortige Beschreibung lautet: geboren am 20. Dezember 1654 in Regensburg. Der 20. Dezember 1654 stimmt, aber die Kaiserin und der Kaiser sind im August 1654 von Regensburg abgereist. Die schwangere Kaiserin ist bestimmt nicht nach Regensburg zurückgekommen, d.h. die zweite Prinzessin ist in Regensburg gezeugt und in Wien geboren worden.

Vor seiner Abreise hat sich der Kaiser in Regensburg am Haidplatz den Versuch von Guericke mit der Luftpumpe und dem luftleeren Raum zeigen lassen: es ging ja um ein kaiserliches Patent.

Im selben Jahre übrigens wird der bayerische Kurfürst Ferdinand Maria volljährig und übernimmt die Regierungsgeschäfte. Er leitet eine große Friedenszeit ein. Zwei Jahre zuvor hat er Henriette Adelaide von Savoyen geheiratet.

Eleonora Gonzaga Nevers ist, genau wie ihre Verwandte Eleonora Gonzaga Montferrat, eine große Förderin der Künste. Sie gründet z.B. den Sternkreuzorden in Wien. Sie ist hochgebildet; aufgrund ihrer literarischen und musikalischen Interessen initiiert sie in Wien etliche Akademien. (Akademie heißt damals, einen gebildeten Kreis einladen. Ein Mitglied hält einen Vortrag, anschließend wird darüber diskutiert.) Die Favorita ist ihr Residenzschloss. Die Kaiserin bildet auch nach dem Tode ihres Mannes den Mittelpunkt am kaiserlichen

*Kapuzinergruft Wien, Sarkophage (von links) Eleonora Gonzaga Nevers und derer Töchter Eleonora Maria und Anna Maria Josepha*

Hof. Sie organisiert Feste, Komödien, Ballette, schreibt Gedichte, komponiert, hat eine eigene Hofkapelle mit 50 Mann. 1662 gründete sie noch mit ihrem Mann einen Orden zur Gleichheit von Mann und Frau. Auch diese Ehe, wie gesagt, war wohl glücklich, soweit man das aus den Archivalien erschließen kann.

Ein kulturelles Glanzlicht im Donauraum des 17. Jahrhunderts sei hier noch in Erinnerung gerufen. Eleonora Gonzaga Nevers hatte Giovanni Burnacini aus Cesena mitgebracht. Er ist Architekt und Bühnenbildner und baut in Regensburg 1653 ein kaiserliches Opernhaus mit über 1000 Sitzplätzen, 60 Logen und zwei Galerien. Errichtet wird es zwischen Ostentor und Kapuzinerkloster, also dort, wo heute die Sportfreianlage ist. (1637 war in Venedig das erste Opernhaus der Welt eröffnet worden.)

*Eleonora Gonzaga Nevers, als Diana, Franz Luycx, KHM Wien, Schloß Ambrass Innsbruck*

In Vorbereitung auf die beiden Krönungsfeierlichkeiten wird die Oper L'inganno d'amore („Der Liebesbetrug") aufgeführt, Komponist Antonio Bertali, Librettist Benedetto Ferrari. Der Opernbetrieb war zur damaligen Zeit eine herausragende kulturelle Errungenschaft, die natürlich auch der Machtdemonstration der Herrschenden diente. Es gibt sogar eine Abbildung des Opernhauses, allerdings nicht aus Regensburg. Denn L'inganno d'amore wurde in dem hölzernen Gebäude nur zweimal aufgeführt, dann ist es in Regensburg abgebaut, auf Schiffen donauabwärts transportiert und am Josefplatz in Wien als kaiserliches Opernhaus wieder aufgebaut worden. Dort ergänzte Giovannis Sohn, Lodovico Ottavio Burnacini, es um eine dritte Galerie. Später ist dieses Opernhaus durch ein festgebautes ersetzt worden.

*Theater nach dem Wiederaufbau in Wien und der Aufstockung des dritten Ranges durch Lodovico Burnacini, colorierter Kupferstich*

Glücklicherweise hat sich das Programmheft von Regensburg mit einigen Kupferstichen in Wien erhalten. Die Oper wurde mit einer ganz pracht- und prunkvollen Installation und Inszenierung auf die Bühne gebracht. Doris Gerstl: „Die Inszenierung gelang. Die Oper erzielte weithin Bewunderung, welche über den Bericht im Theatrum Europaeum nachhallte: Viel fürnehme Herren/ Spectatores und Gesandte affirmirten für gewiß, daß Sie dergleichen in Franckreich/ Welsch- und Deutschland nie gesehen." Der Vergleich mit Rechnungen im Haus-, Hof- und Staats-Archiv in Wien verdeutlicht den Aufwand: Das Areal, das die Karmeliten für ihr Kloster kauften, also das Gelände von der Pfluggasse bis zum Dachauplatz, kostete 20.000 Gulden. Die ephemere Theateraufführung L'inganno d'amore verschlang ca. 15.000 Gulden.

*Beispiel eines Bühnenbildes, Lodovico Burnacini, Kupferstich*

Lodovico Ottavio Burnacini hat seine Kostüme und seine Schauspieler feinstens gemalt, diese Abbildungen haben sich glücklicherweise erhalten. 2021 gab es dazu im Theatermuseum Wien die beeindruckende Ausstellung „Die groteske Komödie“. Der Kurator Rudi Risatti stellte dar, wie Theater und Oper in adeligen Kreisen gefeiert wurden.

Die Kaiserin selbst hat auch komponiert: sie hat Oratorien geschrieben, und an den betreffenden Tagen haben Oster-, Weihnachts- und Geburtstagsaufführungen stattgefunden.

Nie wurde der Donauraum zwischen Regensburg und Wien, zwischen Bayern und Budapest stärker von italienischer Kultur geprägt als im 17. Jahrhundert.

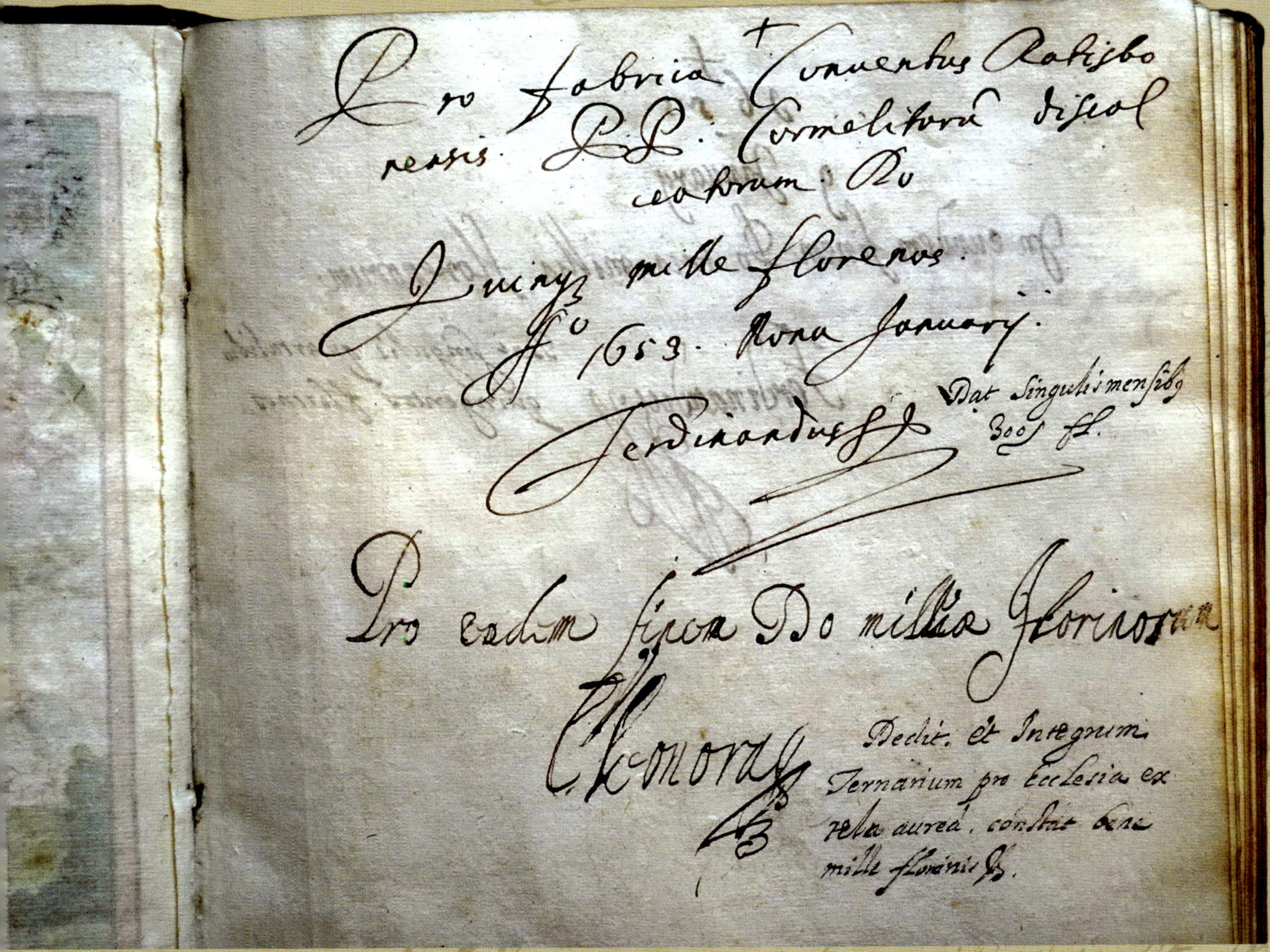
Pro fabrica Conuentus Ratisbo
nensis. P.P. Carmelitarũ discal
ceatorum. Ro

Quinq mille florenos.
A° 1653. Nona January.

Ferdinandus

Dat singulis mensibg
300 fl.

Pro eadem ficor Do millia florenorum

Eleonora

Dedit. et Integrum
Ternarium pro Ecclesia ex
tela aurea, constat bene
mille florinis.

„Goldenes Buch“, Karmelitenkloster Regensburg, mit den Eintragungen von Kaiser und Kaiserin

Vier große Frauen haben dazu den Weg bereitet: Kaiserin Eleonora Gonzaga Montferrat, Krönung 1630 in Regensburg, Kaiserin Eleonora Gonzaga Nevers, Krönung 1653 in Regensburg, Anna Maria von Salis, Fürstäbtissin von Niedermünster, und die bayerische Kurfürstin Henriette Adelaide von Savoyen; den beiden Letzteren müsste eine eigene Darstellung gewidmet werden.

Zum Schluss sei nochmals auf die Karmelitenkirche eingegangen. 1641 war die Grundsteinlegung, erst 1693 war der Bau fertig, aber immer lag sie unter dem Protektorat des Kaisers und der Kaiserin. Und es ist eben nicht der Kaiser **mit** der Kaiserin, sondern es sind der Kaiser **und** die Kaiserin.

Im goldenen Buch, dem Spendenbuch der Karmeliten in Regensburg, findet sich folgender Eintrag: Kaiser Ferdinand stiftet 5000 Gulden, und Kaiserin Eleonora, die einen eigenen Haushalt hat, spendet 1000 Gulden. Sie hatte übrigens als Witwe einen Jahresetat von ungefähr 100.000 Gulden – es gilt also: der Kaiser **und** die Kaiserin.

Als Quintessenz aus alledem mag man erkennen, dass die Kaiserinnen im 17. Jahrhundert sehr wohl eine nicht zu unterschätzende Rolle in Politik und Kultur und im Netzwerk zwischen den Ländern gespielt haben, dass sie auf den jeweils regierenden Kaiser direkten Einfluss genommen haben und dass sie dabei insbesondere nach der Katastrophe des Dreißigjährigen Krieges ihre Länder in die prunkvolle, zeremonielle, eben „barocke“ Epoche geführt haben.

Es war mir ein Anliegen, mit diesem Vortrag das Vierteljahrhundert 1630-1654 in seiner Dimension für Regensburg und in der Perspektive auf diese beiden Kaiserinnen Eleonora Gonzaga zu beleuchten.

….und so entwickelte sich Regensburg mit dem Immerwährenden Reichstag ab 1663 zum politischen Fokus des Heiligen Römischen Reichs Deutscher Nation.

Es gäbe noch so viel zu erforschen, z.B. die politische Kultur der Reichstagszeit oder die Festkultur (Pokorny, Touchemulin, Schikaneder bzw. Huldigungen, Illuminationen, Schützenfeste, Fasching, Trauerfeste etc.).

Die Festkultur „war schließlich kein bloßer Zeitvertreib, sondern sie bot den Gesandten zahlreiche Möglichkeiten, Informationen auszutauschen, Handlungsalternativen zu sondieren und jenseits der stark formalisierten, institutionellen Kommunikationsabläufe soziale Kontakte zu knüpfen, die sich auch in strategischer Hinsicht als nützlich erweisen sollten." (Harriet Rudolph)

„So erweist sich der Reichstag, über zwei Jahrhunderte vor dem Entstehen des Völkerbunds und der Vereinten Nationen, als ein frühes Beispiel eines internationalen Organs, in dem Staaten der unterschiedlichsten Größe und Bedeutung, gespalten durch den großen religiösen Gegensatz, friedlich und gleichberechtigt nebeneinander an der Bewältigung gemeinsamer Probleme arbeiteten."
*(Albrecht Randelzhofer)*

*Regensburg, Altes Rathaus, M. Merian, 1644, Kupferstich*

*Regensburger Stadtbild aus der Vogelperspektive, Topographia Bavariae, Matthäus Merian, 1644, wurde von Johann Georg Starcke kopiert*

# Die Regensburger Salis

*Wappen der Fürstäbtissin Anna Maria von Salis*

*Wappenbuch der Niedermünsterer Äbtissinnen, 900–1769, Band I (BayHStA)*

*Vita des hl. Erhard aus dem Wappenbuch*

*hl. Erhard aus dem Wappenbuch*

Herzogin Judith aus dem Wappenbuch

# Fürstäbtissin Anna Maria und die Regensburger von Salis

Das alte Schweizer Adelsgeschlecht Salis, dessen Wurzeln in Soglio im Bergell im Süden Graubündens liegen, dürfte heute in Regensburg nahezu unbekannt sein. Erst bei genauerem Hinsehen lassen sich an verschiedenen Orten in der Stadt Spuren dieser Familie entdecken, die im Regensburg des 17. Jahrhunderts eine bedeutende Rolle gespielt hat. So wirkten Angehörige des an die Donau gekommenen Familienzweigs als Fürstäbtissinnen, Stiftsdamen, Domherren oder Soldaten in der Zeit des Dreißigjährigen Krieges und darüber hinaus. Grund genug, um sich im Folgenden eingehender mit den „Regensburger Salis" zu beschäftigen und damit auch vergessene Aspekte der Stadtgeschichte wieder ans Licht zu bringen.

*Ansicht des Stammsitzes der Salis in Soglio im Bergell, Graubünden*

# Anfänge in Bayern – Albert von Salis im Dienst der Wittelsbacher

In der Linie Chiavenna–Taufers–Regensburg, ein Familienzweig, der sich zunächst im 16. Jahrhundert in Chur niedergelassen hatte, trug Albert (geb. 1548), Sohn des Caspar von Salis, den Beinamen „Abstemius", weil er offensichtlich nie Wein getrunken hatte. Von seinen Cousins Rudolf und Alfons wird später die Rede sein.

Albert kämpfte unter dem Grafen Vinciguerra IV. von Arco, Oberst der deutschen Truppen im Heer Don Juan d`Austrias gegen die Türken und dürfte – wie sein in venezianischen Diensten stehender Vetter Josua von Salis – auch die Schlacht von Lepanto am 7. Oktober 1571 mitgemacht haben. Später kämpfte Albert unter Alexander Farnese und Graf Karl von Mansfeld in den Niederlanden im sogenannten Kölner Krieg gegen den abgesetzten Erzbischof Gebhard Truchseß von Waldburg. An dessen Stelle war Herzog Ernst von Bayern zum Erzbischof von Köln gewählt worden.

Am 1. Januar 1592 ernannte Herzog Wilhelm V. von Bayern Albert von Salis zu seinem „Landsknechtshauptmann" und Pflegsverwalter in Furth im Wald. Mit 47 Jahren starb er am 3. Dezember 1597. Die Wittelsbacher erkannten auch nach Alberts Tod seine Verdienste bei verschiedenen Gelegenheiten ausdrücklich an.

Herzog Maximilian I., Sohn und Nachfolger Wilhelms V., erließ seiner Witwe *„in gnädigster Ansehung Irs verstorbenen Hußwürts gelaiste Dienst, auch Ir und Iren vier Kindern zue sonder Gnaden"* eine noch ausstehende Rückzahlung (87 Gulden). Albert hatte 1589 Margaretha von Porta aus einem alträtischen Adelsgeschlecht geheiratet. Von den vier unmündigen Kindern erreichten nur Anna Maria (geb. 1590) und Hans Wolfgang (geb. 1597) das Erwachsenenalter.

*St. Johann in Taufers/Vinschgau in Südtirol*

*Palazzo Salis (mit Park) in Chiavenna,*

## Anna Maria von Salis, Fürstäbtissin des adeligen Damenstifts Niedermünster und Wegbereiterin des Barock in Regensburg

*Portrait der Fürstäbtissin Anna Maria von Salis (StAGR)*

Wenn es heute um Barockkirchen in Regensburg geht, dann ist natürlich die Rede von der Dreieinigkeitskirche und der Karmelitenkirche. Hingewiesen wird in diesem Zusammenhang auch auf die Barockisierungen aus dem 18. Jahrhundert, die der Basilika St. Emmeram und der Dominikanerinnen-Kirche Hl. Kreuz eine neue Innenausstattung gaben. Der Beginn des „geistlichen" Barocks in Regensburg aber ist nicht mehr im öffentlichen Bewusstsein.

Auch die kunsthistorischen und denkmalfachlichen Schriften geben dazu allzu lapidar meist mit einem bloßen Verweis auf die erste Hälfte des 17. Jahrhunderts Auskunft. Deshalb erscheint es sinnvoll, mit Anna Maria von Salis eine eindrucksvolle Frauengestalt und ihre Leistung – noch dazu während des Dreißigjährigen Krieges – in Erinnerung zu rufen:

Um 1602 trat Anna Maria im Alter von zwölf Jahren in das Stift ein, wo die Mädchen „als zukünftige Canonissen" erzogen wurden. Herzog und Herzogin Albrecht von Bayern verdankte sie wohl, dass sie in diesem hoch angesehenen Reichsstift Aufnahme fand, was mit dem guten Ruf der von Salis bei den Wittelsbachern zusammenhängen dürfte.

Aus dem Wappenbuch der Äbtissinnen ist ersichtlich, dass die 19-jährige mit der Aufschwörung 1609 definitive Aufnahme im Stift fand. Elementarer Bestandteil der Aufschwörung war die sogenannte Ahnenprobe – die Vorlage eines beglaubigten Stammbaums, mit dem eine Kandidatin belegen musste, dass sie über mindestens vier Generationen ausschließlich adelige Vorfahren besaß.

Anna Maria wurde nach dem Tod der Fürstäbtissin Eva von Urhausen am 28. November 1616 zur Fürstäbtissin gewählt. Sie hat sich in Nachfolge der in der Tradition als Stifterin verehrten Herzogin Judith von Bayern gesehen, deren Grab seit den Ausgrabungen unter der Kirche im 20. Jahrhundert wieder nachweisbar ist.

Nach Bestätigung der Wahl durch den Regensburger Fürstbischof Albert von Törring legte die 26-jährige im Bischofshof das Tridentinische Glaubensbekenntnis in die Hände des Bischofs ab und gelobte ewige Keuschheit, Stabilität und Gehorsam dem Diözesanbischof gegenüber.

Mit der Überreichung des Statutenbuchs und Ansteckung des äbtlichen Ringes wurde ihr die Obsorge, Regierung und Administration der Abtei sowohl im Geistlichen als im Weltlichen übertragen, allerdings mit ausdrücklichem Ausschluss eigentlich geistlicher Gewalt. Der Generalvikar Wolfgang Heinrich Langenmantel begleitete sie in das Stift zurück, wo sie zunächst in der Kirche Besitz von der äbtlichen Kathedra ergriff und danach die Huldigung der einzelnen Kapitularinnen durch Handkuss entgegennahm. Die Belehnung mit den Reichsregalien durch Kaiser Matthias erfolgte am 10. März 1617.

Am Hauptportal der Niedermünsterkirche ist mit der Jahreszahl 1621 verewigt, dass Anna Maria von Salis bereits wenige Jahre

*Äbtissinnen-Stab von Niedermünster, Anfang des 17. Jahrhunderts*

nach ihrer Wahl mit umfangreichen Bauarbeiten begann. Zunächst erweiterte und gestaltete sie die Vorhalle um und errichtete eine neue Westfassade. Über dem Portal ließ sie zwischen zwei Sprenggiebeln ihr Wappen und darüber – fünf Jahre nach der ersten Darstellung an der Münchner Residenz durch Hans Krumper und ein Jahr nach der „Schlacht am Weissen Berg“ – die Patrona Bavariae mit dem Szepter in der rechten und dem segnenden Kind in der linken Hand in Sandstein darstellen.

Im Zuge der Barockisierung ließ sie die mittelalterliche, flache Holzdecke der romanischen Kirche entfernen und das barocke, mit Grisaillemalerei ausgestattete Stichkappentonnen-Gewölbe einziehen. Ihr Wappen mit der Jahreszahl 1625 AMVS findet sich dort im Hauptschiff, in den zwei Seitenschiffen und über dem südlichen Seitenportal. Die Inschrift neben dem nördlichen, mit dem Salis-Wappen geschmückten Oratorium verweist ebenso mit der Jahreszahl 1625 und dem Wappen an der Brüstung auf die Urheberschaft Anna Marias.

*Gewölbe des Niedermünsters mit Grisaille-Malerei*

Außerdem ließ sie 1631 für die Stifterin Judith von Johann Wilhelm eine Tumba aus rotem Marmor errichten, auf der die aus weißem Kalkstein gemeißelte Figur der Herzogin ruht. Der „neue silberne Sarg" für den heiligen Erhard – wie 1752 in der Schrift Mausoleum S.Emmerami beschrieben – existiert heute nicht mehr, ebenso das für ihren Bruder Johann Wolfgang errichtete Epitaph mit dessen Herzurne.

Vor den östlichen Wandabschlüssen, die die Seitenschiffe und das östliche Langhausjoch nach Westen und zur Mitte hin abtrennen, befinden sich auf der nördlichen Seite das Altarbild „Anbetung der Hirten"

*Hochgrab der Herzogin Judith von Bayern (Detail) im Niedermünster, 17.Jahrhundert*

*Nördliches Seitenschiff im Niedermünster mit dem Weihnachtsaltar*

vom Regensburger Maler Andreas Summerstein (1627) und auf der südlichen Seite die „Beweinung Christi" (um 1630) nach dem Vorbild von Pieter van Mol in den Säulenretabeln.

Der von den Proportionen her unpassende Altar neben dem Eingang zur Sakristei stand wohl ursprünglich in der Hauptapsis. Das im 19. Jahrhundert ausgewechselte Marienbild ersetzte vermutlich ein gleiches Bildthema aus der Barockzeit, assistiert von den Plastiken Joachim und Anna; ein Verweis auf die Namenspatroninnen Anna Marias?

Das in der Vorhalle befindliche Gemälde „Anbetung der Könige" ist von Johann Paul Schwentner signiert und auf 1630 datiert, das gleich große Bild mit dem Tempelgang Mariens von Georg Christoph Eimmart trägt die Jahreszahl 1643.

li: Vorhalle im Niedermünster ,Gemälde Anbetung der Könige
re: Niedermünster, südl. Seitenschiff, Tempelgang Mariens

Die kaum mehr lesbare Inschrift in einer bronzenen Kartusche zwischen Kruzifix und Magdalena lautet: *„Die hochwürdigst hochwohlgeborne Frau Frau Anna Maria, geborne von Salis, des kaiserlichen freiweltlichen Reichsstifts Niedermünster gefürstete Äbtissin hat hievorstehent heyl. Kruzifix stat dero Epitaphii aufrichten lassen, ward erwählt MDCXVI, Regiert XXXVI und ist in Gott seeliglich Entschlaffn MDCLII Alters LXII Jahr. Renoviert anno 1750."*

Künstlerischer Höhepunkt der Ausgestaltung aber ist ein Hauptwerk frühbarocker Plastik: Das Kruzifix mit Maria Magdalena von Georg Petel aus Augsburg (um 1630). Petel erweist sich damit als deutlich geprägt von der Kunst Peter Paul Rubens, mit dem er in freundschaftlichem Kontakt stand.

Ursprünglich stand es frei im Raum auf dem Kreuzaltar unter dem Chorbogen. Damit ergab sich ein gravierend anderes Erscheinungsbild im Gegensatz zur zweiten Barockisierung des 18. Jahrhunderts. Im weiß getünchten Sakralraum (weiß als Farbe für Tempel und Reinheit) mit schwarz gefaßten Altären (Symbol für Würde, Demut sowie Trauer) triumphiert das Kreuz mit der Büßerin.

*Niedermünster mit dem ursprünglichen Standort der Kreuzesgruppe, Collage*

*groß: Rekonstruktion des Stiftergrabes für den bayerischen Herzog Wilhelm V. und seiner Gemahlin Renata von Lothringen, Dorothea Diemer (1980), Zeichnung Vera Lenek*

*rechts: Portal vom Niedermünster mit Salis-Wappen und Patrona Bavariae*

Aufschlussreich ist der Vergleich mit ähnlichen Grabdenkmälern der Zeit im bayerischen Umkreis. Nach dem künstlerischen Entwurf von Friedrich Sustris sollte das Stiftergrab für den bayerischen Herzog Wilhelm V. und seine Gemahlin Renata von Lothringen in der Jesuitenkirche St. Michael in München entstehen. Wichtige Teile waren bereits hergestellt, als sich Wilhelm V. 1597 gezwungen sah, auf dieses Unterfangen zu verzichten. Großherzog Ferdinand I. von Medici hatte bereits 1594 dem bayerischen Herzog (beide waren mit einer Prinzessin von Lothringen verheiratet) das Kruzifix geschenkt. Es ist das Werk des herausragenden Florentiner Künstlers Giovanni da Bologna. Hans Reichle hatte die den Kreuzesstamm umarmende heilige Magdalena geschaffen.

*Grabdenkmal des Kardinalbischofs Philipp Wilhelm von Bayern im Regensburger Dom (Detail), Wappen mit Herzogs- und Kardinalshut, flankiert von zwei Putti*

Wohl von Hubert Gebhard stammte die „Immaculata" von 1593, die über dem Grabmal aufgehängt werden sollte. Diese bronzene Madonna wurde zunächst 1606 auf dem Hauptaltar der Frauenkirche aufgestellt. Im gleichen Jahr kam eine Replik des Kruzifixus nach St. Ulrich und Afra in Augsburg.

Eine weitere Replik des Kreuzes entstand 1609 für das Epitaph im Regensburger Dom. Sicherlich in Erinnerung an das Münchner Stiftergrab, für das sich Wilhelm V. bei da Bologna den bronzenen Gekreuzigten bestellt hatte, entschloss sich der Herzog, 1598 für seinen früh verstorbenen Sohn Kardinalbischof Philipp Wilhelm ein würdiges Denkmal zu errichten. Maximilian I. ergriff für dieses Vorhaben erneut die Initiative und ließ – wahrscheinlich von Hans Krumper – 1611 die Bronzegruppe mit dem vor dem Kreuz knienden Kardinalbischof aufstellen.

Lebte Anna Maria in ihren Jugendjahren (so wie ihr Bruder) am Hof in München und hatte sich von diesen herzoglichen Projekten inspirieren lassen? Die Inschrift unter dem Kreuz mit der büßenden Magdalena im Niedermünster spricht eine deutliche Sprache: „Anstelle eines Epitaphs…"! Eine Madonna im Chor aufzuhängen verbat sich, ist hier doch bereits mit der steinernen Maria an der Südwand des Chorraums die Gottesmutter dargestellt. Aber erhöht – am Eingang – hatte sie ja 1621 die Patrona Bavariae über dem Hauptportal anbringen lassen. Die bronzene Maria in exakt diesem Typus vom geplanten Stifterepitaph, dann aus der Frauenkirche, wird am 7. November 1638 von Kurfürst Maximilian I. mit der Rotmarmorsäule auf dem Münchner Marienplatz – eben als Patrona Bavariae – aufgestellt. 1616 war schon die „Patrona Boiariae" von Hans Krumper an der Westfassade der Münchner Residenz angebracht worden. 1620 waren die ligistisch-bayerischen Truppen unter der ausdrücklichen Fürbitte zur Gottesmutter in die Schlacht am Weißen Berg gezogen.

Regensburg war als Tor zum Süden und Verbindungspunkt der Ligatruppen zu Wallenstein von entscheidender strategischer Bedeutung.

Mit der Einnahme Regensburgs durch Bernhard von Sachsen-Weimar am 5. November 1633, der Gefangennahme vieler Geistlicher und der Einziehung sämtlichen Kirchenguts am 26. Februar 1634 erlitt auch Niedermünster eine schmerzliche Zäsur. Georg Gumpelzheimer wurde Administrator, Anna Maria von Salis im Dominikanerinnenkloster eingesperrt.

*Osterleuchter im Niedermünster mit Salis-Wappen*

Glücklicherweise wurde der von ihr gestiftete Osterleuchter mit dem Wappen von Salis nicht eingeschmolzen, so wie es mit dem Kirchensilber dann in der Säkularisation passierte.

Die Fürstäbtissin ging nach Ihrer Freilassung zunächst nach Straubing, dann in die Festung Ingolstadt, wo ihr Bruder Hans Wolfgang Kommandant war und kehrte erst nach der Einnahme Regensburgs durch die Liga und nach der Schlacht von Nördlingen (05.09.1634), eventuell sogar erst nach dem Ende der Pest Anfang 1635 wieder in ihr Stift zurück. (Noch Anfang 1648 werden Ober- und Niedermünster je eine Kompanie zur Verpflegung zugewiesen.)

Die Fürstäbtissin hatte seit jeher die freundschaftlichen Beziehungen zu den Salis auf Schloss Marschlins aufrechterhalten. Und da die Regensburger Salis von den guten Beziehungen ihrer Verwandten zur Krone Frankreichs wussten, schrieb man angesichts der nahenden feindlichen Truppen dem französischen Maréchal de camp Ulysses von Salis-Marschlins:

*„[…] Ist derohalben mein freunddienstliches Ersuchen und Bitten durch seine ansehnliche Autorität […] beim Duc de Turenne und Generalcommissar Harcourt bei den Schweden im Fall der Noth ein Salva Guardia für die Frau Bas Äbtissin zu Niedermünster und meine Schwester coadiutiorin zu Obermünster, beide adeliche kaiserliche Stifter, und mich zuerwirken, damit wir in unseren wenigen possessiones unperturbiert und ohne Brandtschatzung und Forderung verbleiben möchten oder (ganz wie belieben würden) mit sicherem Geleit und passeport uns anderswohin verfügen möchten. […]“*

*Madonna mit der Meerkatze, Albrecht Dürer, Kupferstich*

Die Frau Marschallin übergab dem Regensburger Boten den auf 20. Juni 1648 datierten Brief und für die Frau Äbtissin eine Meerkatze als Geschenk, *„bekanntlich eine durch Zierlichkeit, wie durch geselliges, munteres und gutmütiges Wesen ausgezeichnete afrikanische Affenart“*.

Unglücklicherweise fiel der Bote bei Ingolstadt den Schweden in die Hände. Meerkatze und Briefe nahmen sie ihm ab. Erfolgreich konnte er entkommen und berichtete in Regensburg von seinem Unheil.

Der Domherr von Salis informierte am 22.Juli die Verwandtschaft Marschlins und schrieb, dass es die „Frau Bas" sehr bedauere, die ihr verehrte Meerkatze wohl nie mehr zu Gesicht zu bekommen.

Am 24. Oktober 1648 wurde endlich der Westfälische Frieden geschlossen, der alsbald auch in Regensburg von den Kanzeln verkündet wurde.

Anfang Juni 1651 erlitt die Fürstäbtissin Anna Maria einen Schlaganfall. Offensichtlich war sie seither rechtsseitig gelähmt und konnte so gut wie nicht mehr sprechen. Ein Jahr später starb sie mit 62 Jahren, 36 Jahre war sie Äbtissin, davon nur sechs Jahre in Friedenszeiten. In der von ihr erbauten Vorhalle wurde sie bestattet.

Der Grabstein aus Rotmarmor zeigt die ganze Figur im sogenannten „Kirchenhabit" mit Rosenkranz in den gefalteten Händen. Zu deren Füßen ist das Stiftswappen Niedermünsters (Abtstab mit aufgelegtem N) und das Stammwappen der Salis abgebildet. Neben dem Abbild der Äbtissin hält ein Engel den Abtstab. Die Umschrift lautet: *„Anno Domini 1652 den 12. Junii ist in Gott seligklich Entschlaffen die Hochwürdig Hoch und Wohlgeboren Jung-Frau Anna Maria von Salis dises Kays. Stiftes Abbtissin, dero Seelen Gott Genedig Sein Woll Amen."*

*Zeichnung des Grabsteins der Fürstäbtissin Anna Maria von Salis (StAGR)*

*Grabstein der Fürstäbtissin Anna Maria von Salis, Vorhalle im Niedermünster*

## Hans Wolf von Salis – ein Leben auf den Schlachtfeldern des Dreißigjährigen Krieges

*Porträt Johann Wolfgang von Salis, Tirano, Palazzo Salis*

Der jüngere Bruder von Anna Maria, Hans Wolf, wurde offensichtlich am Hof seines Mentors, Herzog Albrecht von Bayern, erzogen, war dann zunächst Page beim Herzog, ab etwa 1615 bei Herzogin Mechthilde, geb. Landgräfin von Leuchtenberg. Auf Intervention Anna Marias bei der Herzogin ernannte ihn Kurfürst Ferdinand von Köln zu seinem Truchseß.

Spätestens 1620 war er im Dienst der Liga, nahm an der Schlacht am Weißen Berg teil und blieb unter Tilly mit dem Gros des ligistischen Heeres in Böhmen. In Tillys Regiment erhielt er 1629 den Titel Oberst. Kaiser Ferdinand II. erhob ihn mit Diplom vom 19. Januar 1632 in den Stand eines Freiherrn.

Dem Appell des sterbenden Tilly folgend, forderte Kurfürst Maximilian I. von Bayern Regensburg auf, eine 1500 Mann starke Schutzmacht aufzunehmen. Am 7./8. April 1632 verhandelte Hans Wolf in Burgweinting mit Abgeordneten der freien Reichsstadt. Unmittelbar darauf kam der Obrist nach Regensburg, um die Basteien zu besichtigen und die Mannschaft zu mustern. Am 17. April tauchte dann der kaiserliche Feldherr Wallenstein mit seinem Heer auf, das in der Stadt plünderte und mehrere Menschen niederschoss. Der Rat der Reichsstadt bat daraufhin den Obristen von Salis, über den Religionsfrieden zu wachen und die Gottesdienste zu schützen.

Mit der Ernennung des Obristen Troibreze – am 18. Mai dem Rat angezeigt – endet die Kommandantur des Hans von Salis. Betraut mit dem Kommando über Burghausen (1632), München (1632–1633) und Ingolstadt (1633–1634) kämpfte er in den folgenden Jahren mit seinem Regiment, das bei der Belagerung Regensburgs durch Bernhard von Weimar „ziemlichermaßen ruiniert“ wurde. Nach der Kapitulation der Reichsstadt am 4. November 1633 wurden Hans Wolf von Salis' Hab und Gut in Regensburg vollkommen geplündert.

Am 1. Juni 1634 waren das kaiserliche Heer und die Truppen des Kurfürsten von Bayern vor Regensburg zusammengetroffen. Von Ingolstadt aus brachte der im Februar 1634 zum Generalwachtmeister ernannte Salis Maximilian I. mit dem Schiff Munition und lagerte es im Kloster Prüfening ein.

Am 26. Juli kapitulierten die Schweden und zogen ab; die plötzlich ausgebrochene Pest raffte auf beiden Seiten Tausende Menschen hinweg.

Auf sein Betreiben hin wurde Hans Wolf von Salis in den Deutschen Orden aufgenommen, legte am 15. August 1634 die Ordensgelübde ab und bekam ohne weitere Wartezeit die Kommende Sankt Aegidii zu Regensburg mit dem Gut Gangkofen zugewiesen.

Nach seiner Dienstentlassung aus dem bayerischen Heer im Dezember 1634 wurde er mit demselben Rang am 11. März 1636 zum kaiserlichen Obersten (d.h. General-) Feldwachtmeisters ernannt. 1637 finden wir ihn in Sachsen, dann in Osnabrück und Brandenburg. Im Mai 1638 erlangte er die Beförderung zum General-Feldzeugmeister.

Im Januar 1639 verfolgt der schwedische Feldherr Banner die sieben von Salis befehligten Regimenter. Salis geriet bei Ruppertsgrün nahe Zwickau gegen die übermächtigen Schweden in die Defensive und wurde am 2. März 1639 in einer schweren Niederlage besiegt und gefangen genommen.

Über Halberstadt und Stralsund wurde er ins schwedisch besetzte Wismar gebracht. Dort starb er in Gefangenschaft am Karfreitag, 6. April 1640 im 44. Lebensjahr. Der einbalsamierte Leichnam kam wohl erst im Februar 1642 nach Regensburg. Hans Wolf fand seine letzte Ruhestätte in der Augustinerkirche. Sein eigens präpariertes Herz erbat die Fürstäbtissin und ließ dafür in der Niedermünsterkirche ein Monument mit einer geharnischten Figur aufstellen. Dabei war eine Tafel mit folgender Inschrift angebracht: *„Gott begnad die Seele des hochwürdig wohlgebornen Herrn Herrn Hans Wolf Freiherr von Salis, teutschen Ordens-Rittern, General-Veldtzeugmeister, dessen Herz (hier) ruhet, gestorben zu Wismar in des Feindes Handen den VI. Aprilis 1640“.*

*Monument für Johann Wolfgang von Salis zur Bestattung der Herzurne im Niedermünster (StAGR)*

Bei den Augustinern stand folgender Text auf dem Grabstein: „*D.O.M. ILLVSTRI BARONI GENEROSO HEROI DNO DNO JOANNI WOLFGANGO A SALIS SACRAE VTRIVSQUE CAESAREAE MAIESTATIS FERDINANDI SECVNDI ET TERTII NEC NON BOIORVM SEPTEMVIRI ET MONARCHAE MAXIMILIANI CAMERARIO. CONSILIARIO BELLICO. SVPREMO COPIARVM EQVESTRIVM PEDESTRIVMQVE CAPITANEO. REI TORMENTARIAE GENERALI PRAEFECTO. ORDINIS TEVTONICORVM EQUITI ET COMMENDATORI RATISBONENSI ET GANGKOVIANO. PRO RELIGIONE PATRIAE IMPERIO IN MVLTAM ANNORVM SERIEM FORTITER ET FIDELITER DIMICANTI ET DE INIQVO MARTE GLORIOSE OCCVMBENTI, PII MONVMENTVM HOCCE HAEREDES POSVERVNT AETERNVM APVD INFEROS VICTVRO ET TRIVMPHATVRO. OBIIT WISMARI POMERANORVM MAGNA ORTHODOXAE FIDEI CONSTANTIA 22. APRILIS IPSA DIE SALVATORI IN LIGNO SALVTEM HUMANAM OPERANTI SACRA ANNO 1639 AETATIS SVAE 43. QVI HOC LOCO TERRAE COMMENDATVR. CVI VIATOR EAM, QVAM VIVVS SPERAVIT, ET TV TIBI MORITVRVS EXOPTAS, INTER IVSTOS RESVRECTIONEM PRECARE. AMEN*“

„*Dem erlauchten Baron und edlen Helden, dem verehrten Herrn Johannes Wolfgang von Salis, Kämmerer Ihrer beider kaiserlichen Majestäten Ferdinands II. und III. und des bayerischen Kurfürsten und Herrschers Maximilian, Oberst der Infanterie und Kavallerie, General der Artillerie, Ritter und Komtur des Deutschritterordens zu Regensburg und Gangkofen, der für Religion, Vaterland und Reich viele Jahre lang tapfer und treu gekämpft hat und ruhmreich im Kampfe gefallen ist: Ihm haben seine pflichtgetreuen Erben dieses ewige Denkmal errichtet, auf dass er im Jenseits siegen und triumphieren möge. Er starb im Pommerschen Wismar unter großer Beharrlichkeit im rechten Glauben am 22. April 1639 im Alter von 43 Jahren, am gleichen Tag, als der Erlöser am Kreuz für das Heil der Menschen litt. Er wird an dieser Stätte der Erde anvertraut. Wanderer, bitte Du für seine Auferstehung unter den Gerechten, die er zu Lebzeiten erhofft hat und Du Dir, wenn Du sterben wirst, erwünschst. Amen*"

(Die Angabe des Todesdatums ist unrichtig und rührt wohl daher, dass ihr Verfasser sich wohl noch des Karfreitags, aber nicht mehr genau des Todesjahres entsann. 1639 fiel der Karfreitag auf den 22., 1640 auf den 6. April.)

Dort wurden auch sein Galadegen, Wappenschild und Kopfharnisch ausgestellt. Letztere kamen nach dem Abbruch der Kirche 1838 über den Historischen Verein an das Museum der Stadt. Der Grabstein wurde mit einigen weiteren Grabsteinen und den Reliquien des seligen Friedrich von Regensburg in die im 19. Jahrhundert nach dem Abbruch der Augustinerkirche 1854 errichtete, sechseckige Salvatorkapelle (seit 1913 profaniert, heute Restaurant Hemingway's, Obere Bachgasse 5) gebracht.

Von dort wurde die Ausstattung – insbesondere das wertvolle Kruzifix aus dem mittleren 14. Jahrhundert – im gleichen Jahr in die St. Cäcilienkirche transferiert.

*Degen von J. W. Von Salis mit der Toledo Klinge, Museen der Stadt Regensburg*

*Zeichnung des Grabmals von Johann Wolfgang von Salis in der abgebrochenen Augustinerkirche Regensburg (StAGR)*

## Albrecht, Margaretha Anna und Johann Peter von Salis – die Kinder des Alfons von Salis aus Chiavenna

Albrecht, geb. 1618, dürfte Ende der Zwanziger Jahre von seiner Großcousine, der Fürstäbtissin Anna Maria und dessen Bruder nach Bayern gerufen und als Page am Hof des Kurfürsten Maximilian untergebracht worden sein. Am 28. Juli 1640 wurde der 22-jährige Albrecht aus dem Pagendienst entlassen. 1642 vermietete die Äbtissin ihm und seiner künftigen Ehefrau den in der Ostengasse gelegenen „Niklashof". Albrecht vermählte sich um 1648 mit Anna Maria Gräfin zu Pappenheim, einer der fünfzehn Töchter des Erbreichsmarschalls und Reichsgrafen Thomas zu Pappenheim aus dessen Ehe mit Martha Eleonore von Zochau. Albrecht hatte seine spätere Frau im Niedermünster-Stift kennengelernt, wo sie 1640 aufgeschworen hatte. Er starb 1652 mit nur 34 Jahren und hinterließ vier Töchter, von denen zwei im Kindesalter starben. Ab 1667 wohnte die Witwe zwischen der Haller-Uhr und Bartholomes Behausung (im Bereich des heutigen Georgenplatzes). Sie starb am 30. Juni 1695 und wurde neben dem St.-Sebastiansaltar bestattet.

Heute befindet sich das Grabmal mit dem Salis-Pappenheimischen Allianzwappen an der westlichen Innenwand der Vorhalle. Die Inschrift lautet: *„MORS CERTA HORA AVTEM INCERTA"* *(Der Tod ist gewiss, ungewiß die Stunde)*, darunter: *„Hier liegt begraben der Wolgeborne Herr Herr Albert Freyherr von Salis, der den 30. Juny 1649 (falsches Todesjahr) seines Alters 31 Jahr und zwei Monath und seine gemahlin die Wolgeborne Frau Frau Anna Maria, Erbsreichs Marschallin, geborne Graffin zu Pappenheimb Ihres Alters 68 Jahr und 6 Monath, den 30. Juny 1695 in Gott Seelig entschlaffen, deren Seel Gott der allmächtig an Jenem Strengen Tag Barmherzig und Gnedig sein und eine frelliche Auferstehung Verleihen Wolle. Amen."*

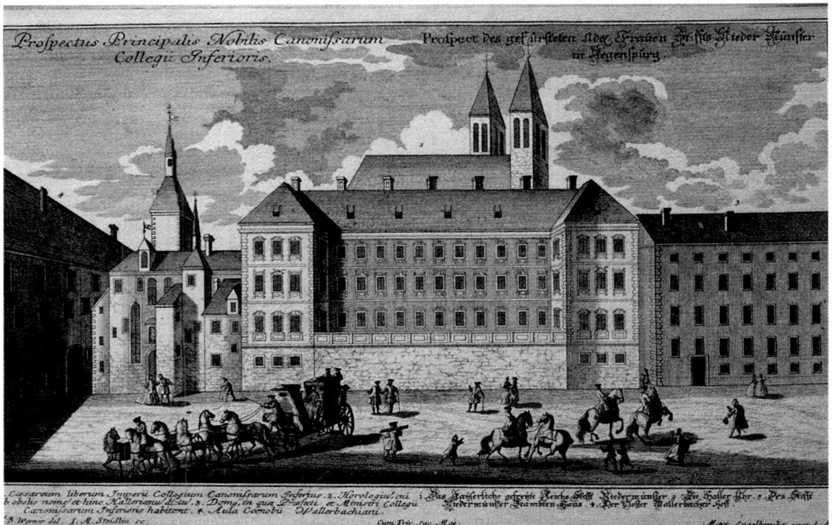


*Adeliges Damenstift Niedermünster, Martin Engelbrecht, Kupferstich*

Die ältere Tochter Anna Maria Maximiliana (getauft am 2. Juni 1649) verehelichte sich am 29. oder 30. Januar 1674 zu Niedermünster mit Marquard Sebastian Johann Segesser von Bruneck. Nach dem frühen Tod ihres Mannes am 23. Februar 1682 zog sie mit ihren zwei Kindern Christoph Konrad (geb. 1676) und Maria Theresia (geb. 1679) wieder zu ihrer Mutter nach Regensburg.

Hallertor (am Westende der heutigen Ostengasse, zwischen Hunnenplatz und Georgenplatz) links neben dem Areal des ehemaligen Damenstifts Niedermünster, Modell im Museum der Stadt Regensburg

*Vorhalle Niedermünster, Allianzwappen Pappenheim-Salis*

Die jüngere Tochter Maria Eusebia Albertine (getauft am 5. Januar 1652) vermählte sich 1672 mit Hieronymus Freiherrn von Welden auf Laupheim und Hochaltingen. Bei ihrem Tod (6. Juli 1713) hinterließ sie mehrere Kinder, von denen einige in Dom- und Damenstiften aufschworen. In Mariaort hat sich rechts vor dem Kircheneingang eine Grabplatte (bis Anfang des 20. Jahrhunderts im Langhauspflaster der Kirche) mit den Wappen der Welden links und der Salis rechts oben erhalten. Die Inschrift darauf lautet: *„Anno 1674 den 31. Mai ist in Gott selig Entschlaffen der Hochwohlgeborne Herr Herr Franziskus Anthonius Josephus Frey Herr von Welden auf Lauppheim und Hochalting seines Alters 11 Wochen, welcher alhie in diesen Gottshaus bey unser Liewen Frau zu Orth begraven ligt“.*

*Mariaort, Grabstein des Franziskus Antonius, Josephus Freiherr von Welden*

## Margareta Anna von Salis

Sie war die Tochter des Alfons von Salis zu Chiavenna Großcousine Anna Marias, und wurde von dieser um 1634/35 ins Niedermünster-Stift aufgenommen. Am 20. Juli 1640 leistete sie zugleich mit Maria Anna Christine von Salis und ihrer späteren Schwägerin Anna Maria zu Pappenheim das „juramentum fidelitatis" in die Hände ihrer Wohltäterin, der Äbtissin Anna Maria ab. Über ihr Leben ist so gut wie nichts bekannt. Ihr Grabmal befindet sich heute an der Südseite in der Vorhalle und trägt die kaum mehr lesbare Inschrift: *„Allhie ligt begraben die Wohlgeborne Freylein Margaretha Anna Freyin von Salis, des kayserl. Gefürsteten Reichs-Stifts Niedermünster allhie in Regenspurg geweste Capitularin und Seniorissin, welche den 22. Sept anno 1662 zu Gott seliglich verschieden ist, dessen Allmacht der abgeleibten Seele in jener Welt miltiglich pflegen wolle".*

Saliswappen aus dem Wappenbuch der Niedermünster-Stiftsdamen, rechts unten (BayHStA)

Grabstein der Margareta Anna von Salis, Vorhalle im Niedermünster

## Johann Peter von Salis

Ihr Bruder Johann Peter wurde anscheinend auch von den beiden Fürstäbtissinnen begünstigt. Wir finden ihn bei der Resignation der Stiftsdame Maria Anna Christine von Salis am 18. Oktober 1649 als Zeuge. Diese war einzige Tochter des kurbayerischen Hauptmanns Rudolf Dietegen von Salis (geb. 1606) und vermählte sich 1649 in der Niedermünsterkirche mit Georg Thomas Herstensky, Freiherrn von Herstein und Wellarditz. Hans Peter erwarb von Herstensky das Dorf Zell als „Landsassen"-Gut mit der von den Schweden zerstörten Burg Lobenstein. Er starb am 9. Juli 1670 im Alter von 43 Jahren. Verheiratet war er mit Maria Anna, einer Tochter des Wolf Bernhard Prändl zu Brandhausen und Irnsing und der Frau Maria Johanna Freiin von Parsberg. Maria Anna starb am 5. November 1712 in Zell, dort ebenso ihre jüngste Tochter Maria Anna Violanta, verehelichte von Rummel, am 8. April 1726, die letzte der „Regensburg-Zeller Salis".

Der Grabstein von deren Sohn Johann Ludwig (geb. 1696, gest. 1761) in der Pfarrkirche von Zell trägt letztmals das Stammwappen der Salis im Regensburger Raum.

Zurück zur Generation der Fürstäbtissin. Die Familienzweige zu Taufers, Chiavenna und Teglio zählten nicht zu den durch großen Besitz hervorragenden Linien. Anna Marias Großonkel Rudolf wurde 1567 vom Fürstbischof von Chur, Beatus von Porta zum Pfleger von Taufers bestellt, wo er 1571 starb. Dessen einziger, gleichnamiger Sohn hinterließ aus seiner Ehe mit Anna von Matsch fünf Kinder, von denen zwei eng mit Regensburg verbunden sind.

## Kaspar Rudolf von Salis – eine kirchliche Karriere

Der jüngste der drei Söhne kam 1599 in Taufers zur Welt. Früh zum geistlichen Stand bestimmt, studierte er bei den Jesuiten in Ingolstadt. Deren Rektor sowie seine Großcousine, die Fürstäbtissin von Niedermünster empfahlen ihn zur Aufnahme in das Collegium Germanicum-Hungaricum in Rom. 1621 zum Domherrn von Chur ernannt und mit den vier niederen Weihen versehen, trat er im 22. Lebensjahr ins päpstliche Kolleg ein. Nach vier weiteren Kursen zum Priester geweiht, verließ er das Kolleg am 24. September 1626. Wieder waren es der bayerische Kurfürst Maximilian wie auch dessen Bruder Herzog Albrecht, die sich (voneinander unabhängig) für einen von Salis verwendeten, diesmal bei Papst Urban VIII. Das Kirchenoberhaupt beantwortete am 13. April 1630 das Empfehlungsschreiben Maximilians und teilte diesem mit, dass er dem Ansuchen des Kurfürsten bereits entsprochen habe. Kaspars Aufschwörung und Installierung im Regensburger Domkapitel hatte indes schon am 9. April 1630 stattgefunden. 1638 wurde Kaspar Rudolf zum Propst (heute Dekan) des Kollegiat-Stiftes St. Johann befördert.

Drei Jahre später wurden nach der Einnahme Regensburgs durch die Schweden die in der Stadt anwesenden katholischen Geistlichen festgenommen und zunächst im ruinösen „Freisinger Hof", dann im Dominikanerkloster interniert. Im März 1634 wurden von Salis und der Fürstbischof Albert von Törring zunächst nach Nürnberg, dann nach Würzburg gebracht und erst nach vierzehnmonatiger Gefangenschaft gegen Zahlung von 60.000 Gulden wieder freigelassen. 1640 verlor Kaspar Rudolf wegen seiner Trunksucht vorübergehend seine Ämter. Offensichtlich war es ihm später untersagt, an Gastmählern teilzunehmen.

Als ihm die Äbtissin des Klosters Müstair, Katharina von Mohr, 1651 eine Schuld von 300 Gulden zurückzahlte, musste er sich entschuldigen, den Schuldschein nicht zurückerstatten zu können, weil seine gesamte Habe von den Schweden vollständig geplündert oder vernichtet worden war. Im Klosterarchiv Müstair hat sich die entsprechende Quittung vom 2. Februar 1651 erhalten. Ferner stiftete er den Jahrtag (3. März 1660) in die St. Blasius-Kirche Taufers, wo seine Eltern und Geschwister begraben lagen. Durch diese Stiftung konnte der Neubau anstelle der alten baufälligen Kirche in Angriff genommen werden.

Am 16. Juni 1669 starb Kaspar Rudolf und wurde im Regensburger Dom begraben. Bei der Regotisierung im 19. Jahrhundert wurden die barocken Grabmäler entfernt, lediglich die Grabinschrift hat sich im Domkreuzgang erhalten. Sie lautet:

*I. SISTE VIATOR AVDI SENTENTIAM TVAM, MORIERIS. QVOD ELOGIV(M) VTI CERTISSIMV(M) ET INEVITABILE ITA TIBI HORA ET MOMENTVM EVENT(VS) FATALIS IN DIES EXPECTANDVM. HOC IPSVM REVERENDISSIMVS, NOBILISSIMA PROSAPIA GENEROSVS, VIRTVTIBVS ILLVSTRIS DOMINVS CASPARVS RVDOLPH(VS) DE SALIS ETC(ETERA) ECCLESIARVM CATHEDRALIVM RATISPONENSIS ET CVRIENSIS CANONICVS, NECNON COLLEGIATAE ECCLESIAE S(ANCTORVM) IOANNIS BAPTISTAE ET EVANGELISTAE IBIDEM RATISPONAE PRAEPOSITVS, ALTA MENTE REVOLVENS, VERE CANONICE VIXIT, TANDEMQVE ANIMAM CREATORI SVO POST SEPTVAGINTA AN(N)ORVM AETATIS DECVRSV(M), VIRIBVS EXANTLATVS IN IPSO FESTO SANCTISSIMAE TRINITATIS, NIMIRV(M) DIE [1]6 IVNIJ SVB HORA SECVNDA ILLVCENTIS DIEI AN(N)O SALVTIS 1668 / REDDIDIT, CORPVS AVTEM PAVLVLVM AB HINC TVMVLARI /VOLVIT. [CVIVS AN]IMAE BENE PRECARE PIE VIATOR*

*„Bleib stehen, Wanderer, (und) höre dein Urteil: Du wirst sterben (müssen). Wie dieser Spruch ganz sicher und unausweichlich ist, so musst du die Stunde und den Augenblick des schicksalhaften Ereignisses von Tag zu Tag erwarten. Eben diesen Spruch im Grunde des Herzens bedenkend, hat der hochwürdigste, einem sehr edlen Geschlechte entstammende, seiner Tugend wegen berühmte Herr Kaspar Rudolf von Salis usw., Kanoniker an den Bischofskirchen zu Regensburg und Chur sowie Propst an der Kollegiatskirche St. Johann Baptist und St. Johann Evangelist, ebenfalls zu Regensburg, ein wahrhaft kanonisches Leben geführt und endlich, nach Verlauf von 70 Lebensjahren, an Kräften erschöpft, genau am Feste der Allerheiligsten Dreifaltigkeit, also am 16. Juni, des Jahres 1668 gegen die zweite Stunde nach Sonnenaufgang die Seele ihrem Schöpfer zurückgegeben; den Leib aber hat er eine sehr kleine Strecke von hier bestatten lassen wollen. Bete in guter Gesinnung für seine Seele, frommer Wanderer!“*

Im Grabsteinbuch des Regensburger Doms und im Archiv Marschlins haben sich vollständige Ansichten des Grabmals erhalten.

Zeichnung des Epitaphs für Kaspar Rudolf von Salis, ehemals im Dom (StAGR)

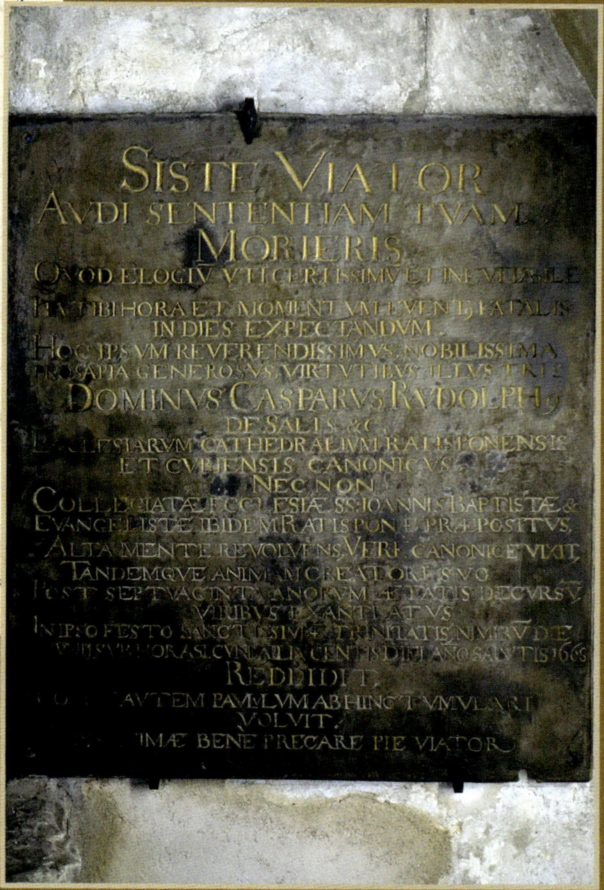


Erhaltene Texttafel des Epitaphs für Kaspar Rudolf von Salis, im Domkreuzgang

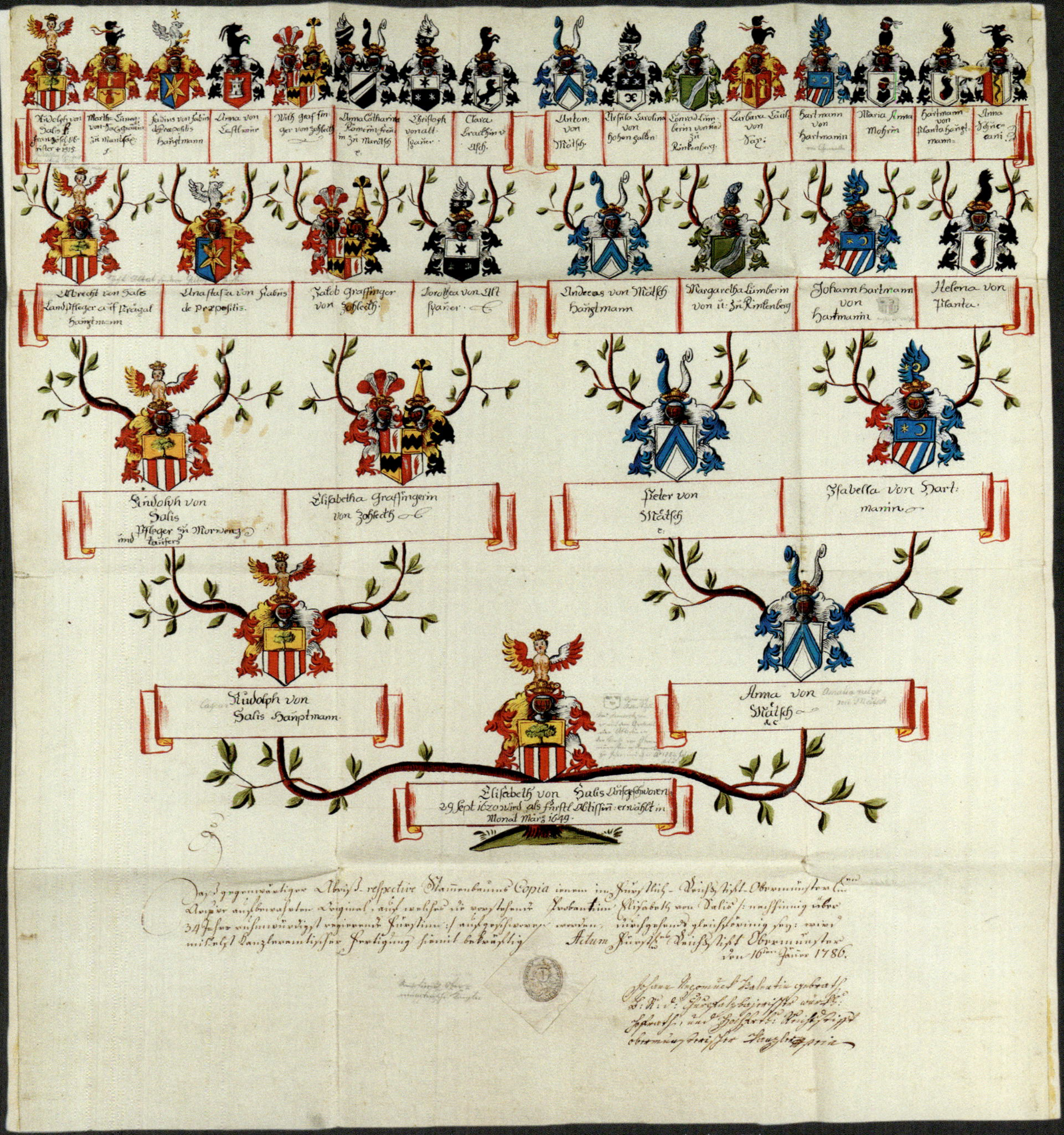


*Aufschwörungstafel der Maria Elisabeth von Salis (StAGR)*

## Maria Elisabeth von Salis – Fürstäbtissin des adligen Damenstifts Obermünster

Die 1612 geborene Schwester Kaspar Rudolfs fand ohne Zweifel durch Vermittlung ihrer Cousine, der Äbtissin von Niedermünster, Aufnahme im Reichsstift Obermünster in Regensburg, wo sie am 29. September 1630 aufschwor. Anna Maria erlebte noch 1647, dass ihr Schützling zur Koadjutorin der Fürstäbtissin Katharina Praxedis von Berkhausen und zwei Jahre später am 10. Juni 1649 einmütig („unanimiter per inspirationem divinam") zu deren Nachfolgerin erwählt wurde. Am 11. April 1650 erhielt Maria Elisabeth von Kaiser Ferdinand III. die Belehnung mit den Reichsregalien, die kirchliche Benediktion erst am 3. November 1652, zugleich mit Margareta von Siegertshofen, Anna Maria von Salis´ Nachfolgerin in Niedermünster.

Schelchshorn-Glocke im Turm von Obermünster mit Wappen der Fürstäbtissin Maria Elisabeth von Salis

Auch sie pflegte einen intensiven Briefkontakt mit der Graubündner Verwandtschaft. Im Postskriptum eines Schreibens aus dem Jahr 1669 fügte Maria Elisabeth hinzu: *„Ich bitt meinen Hochedelgebornen Herrn Vötter um Verzeihung, dann es ist mir gar ein liebes Vöglein, ein babagey umbkommen und ist alhie bey unß dergleichen nit zu bekommen, bett mein Hochgeehrten Herrn Vöttern, ob er nit dergleichen hät oder anderstwo eins wüsse zu bekommen, würd mir woll ein sonders große gnad sein"*. Zur großen Freude sandte der Cousin ihr einen Papagei.

Obermünster-Kirche Regensburg, colorierte Postkarte

Von ihrem 34-jährigen Wirken ist uns erstaunlicherweise so gut wie nichts bekannt. Lediglich eine Schelchshornglocke im Campanile trägt das Saliswappen. Weitere Relikte wie beispielsweise die großen Leuchter vor dem Hauptaltar der Obermünster-Kirche dürften beim Bombardement am 13. März 1945 zerstört worden sein.

Mit 71 Jahren ist Maria Elisabeth am (3. oder) 4. Oktober 1683 verstorben. Das Grabmal aus der Kirche (die im 2. Weltkrieg zerbombt wurde) hat sich im Diözesanarchiv erhalten. Die Rotmarmorplatte zeigt in der oberen Hälfte das Saliswappen, in der unteren die Grabinschrift mit vier Ahnenwappen (links oben Salis, unten Zolleck, rechts oben Metsch, unten Hartmannis) in den Ecken:

*ANNO D(OMI)NI M.D.CLXXXIII. / DIE MENSIS OCTOB(RIS) IV.IN CHR(IST)O / PIE ET SANCTE OBDORMIVIT / REVERENDISSIMA ET NOBILISSIMA / D(OMI)NA D(OMI) NA MARIA ELISABETHA / NATA D(OMI)NA DE PERILLVSTRI PRO- / SAPIA DOMINORVM DE SALIS; / ABBATISSA IMPERIALIS COLLEGIATAE / ECCLESIAE CANONISSARVM IN / OBERMINSTER RATISBONAE / CVIVS ANIMAE SIT DEVS PRO- / PITIVS ET AETERNIS GAVDIIS / EAM CLEME(NT)ER PERFRVI / CONCEDAT AMEN*

*Im Jahr des Herrn 1683 am 4. Oktober ist in Christus fromm und gottselig entschlafen die hochwürdigste und hochwohlgeborene Frau, Frau Maria Elisabeth, Geborene aus dem hochangesehenen Geschlecht der Herren von Salis, Äbtissin des kaiserlichen Kanonissenstifts in Obermünster zu Regensburg. Gott sei ihrer Seele gnädig und gewähre ihr gütig, die ewigen Freuden zu genießen. Amen.*

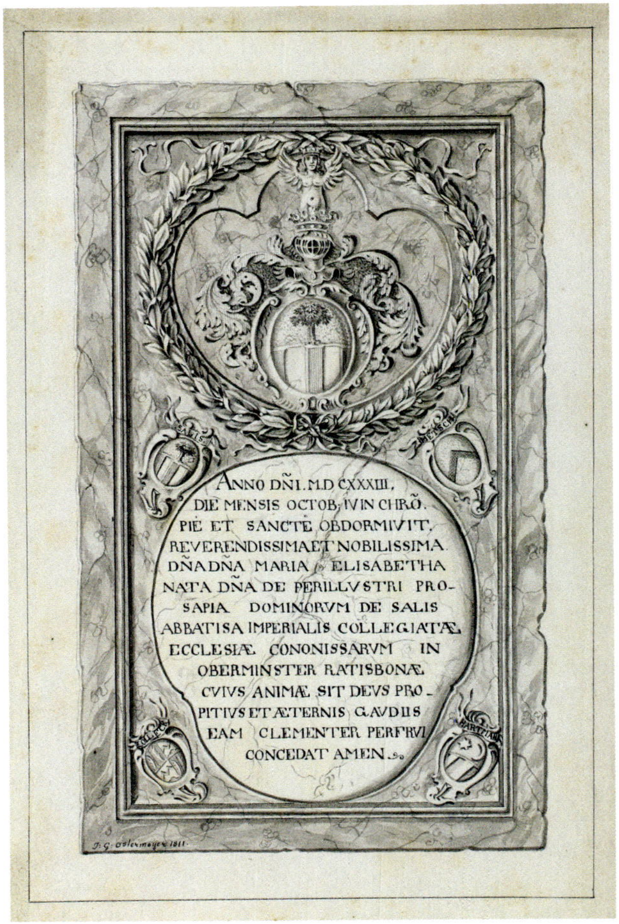


*Zeichnung vom Grabstein der Fürstäbtissin Maria Elisabeth von Salis (StAGR)*

Noch einmal leuchtet der Stern des Geschlechts von Salis in der Reichsstadt: Conte Giacomo de Salis aus dem angeblich 1480 in der Person eines Erasmus de Salis aus Graubünden ausgewanderten Hause der Conti de Salis de Pontevico aus dem Venetianischen heiratet in Regensburg eine „sehr gelehrte Dame und Dichterin" (Zedlers Universallexikon). Sophia Dorothea war die Stieftochter des kurbrandenburgischen Geheimen Rats und Gesandten am Regensburger Reichstag Gottfried von Jena. Diese trat offensichtlich damals in Regensburg zum katholischen Glauben über. Sie starb am 2. Mai 1712 und wurde in der Augustinerkirche bestattet. Mit dem Abbruch 1838 ging das Grab verloren; wertvollerweise aber hat der Emmeramer Benediktinerpater Roman Zirngibl in seiner Grabinschriften-Sammlung aus Regensburger Kirchen die Inschrift für Sophia Dorothea in den 80er Jahren des 18. Jahrhunderts abgeschrieben:

*in terra*

*Hic exspectant resurrectionem cineres Illustr. D. D. Vidue Sophie Dorothee Comitisse de Salis, nate de Sandersberg, que piissime Deo vixit, et sancte in Domino obiit anno reparate salutis 1712 die 2. Maii – quiescat in perpetua pace. Si plura vis scire, viator, en non procul hinc Epitaphium. In Navi Ecclesiae ad parietem in marmore rubro circa altare S. V. M.*

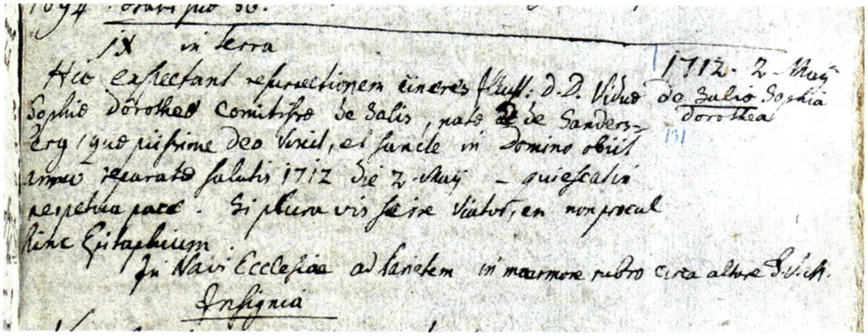
1712. 2. Maij de Salis Sophia Dorothea
IX in terra
Hic expectant resurrectionem cineres Illust. D. D. Vidue Sophie Dorothee Comitisse de Salis, nate de Sandersberg, que piissime Deo vixit, et sancte in Domino obiit anno reparate salutis 1712 die 2. Maij – quiescat in perpetua pace. Si plura vis scire viator, en non procul hinc Epitaphium
In Navi Ecclesiae ad parietem in marmore rubro circa altare S.V.M.
Insignia

Abschrift des verschollenen Grabsteins in der Augustinerkirche für Sofia Dorothea von Salis aus der Grabinschriften-Sammlung von Roman Zirngibl, Staatl. Bibliothek Regensburg

*Insignia*

*Urna hec Viator, magno animo tegit exuvias mulierem scilicet fortem, qualem Salomon quesivit. Hic requiescit, que pro Deo tota vita laboravit, Illustrissima Domina Domina Sophia Dorothea, comitissa de Salis, nata de Sandersberg, etatis circiter 50. Plena meritorum inter ardentissima ingeminata suspiria, et adstantium lachrymas cum Paulo petiit dissolvi et esse cum Christo. En, audita obiit 2. Maij anno 1712, ut ver perpetuum inveniret in celis . Pauperes, et Ecclesias, hic et in Italia erexit, dilexit, dotavit, ditavit, verbo magno illius Paulo vidua Romano in omnibus strenua pedisequa. Fama cane, Livor sile, Tu viator tante anĩme bene precare. Eius honori donum hoc etati posthume eternam gloriam beaturum erexit Executor testamenti posuit 1712. A. C. V. Henniger (?).*

*Im Boden*

*Hier erwartet die Auferstehung die Asche der Vornehmen Dame, Witwe Sophias Dorotheas, Gräfin de Sales, geborene von Sandersberg, die mit größter Frömmigkeit für Gott gelebt hat und heiligmäßig im Herrn starb im Jahre des wiederhergestellten Heiles 1712 am 2. Mai. Sie ruhe im ewigen Frieden. Willst du, Wanderer, mehr wissen, siehe, nicht weit von hier ist ihre Grabschrift. Im Kirchenschiff an der Wand, in rotem Marmor, beim Altar der Seligen Jungfrau Maria.*

*Wappen*

*Diese Urne, Wanderer, birgt hochherzig die Überreste, nämlich eine starke Frau, wie Salomon sie suchte. Hier ruht, wie sie für Gott ihr ganzes Leben lang gearbeitet hat, die Vornehme Dame, Sophia Dorothea, Gräfin von Sales, geborene von Sandersberg, im Alter von etwa 50 Jahren. Reich an Verdiensten, wünschte sie unter heiß brennenden, vielfachen Seufzern und Tränen der Umstehenden, wie Paulus erlöst zu werden und bei Christus zu sein. Siehe, erhört wurde sie und starb am 2. Mai 1712, um den ewigen Frühling im Himmel zu finden. Die Armen und Kirchen richtete sie hier und in Italien auf, liebte sie, stattete sie aus und beschenkte sie, wobei sie in allem – nach Seinem bedeutenden Wort – eine eifrige Nachfolgerin des Römers Paulus war. Ruhm, singe! Neid, schweige! Du, Wanderer, bete gut für eine so große Seele! Ihr zu Ehren hat dies (sc. Epitaphium) als Geschenk, das den ewigen Ruhm ihres Lebens nach dem Tode bereichern soll, 1712 als Testamentsvollstrecker A. C. V. Henniger (?) errichtet.*

*Salis-Wappen am roten Haus in Chur*

Das Stammwappen der Salis ist geteilt. Oben in Gold ein bewurzelter grüner Sal-Weidenbaum (italienisch salice), unten sechsmal rot und silber senkrecht gepfählt. Auf dem Helm mit Krone und rot-silbernen Decken steht eine mit nacktem Oberkörper wachsende, goldgelockte und bekrönte Bellona (Kriegsgöttin) mit rechts silbernem und links roten Flügel statt Armen.

Der Wappenspruch: *„salix flectitur, sed non frangitur"*, heißt frei übersetzt: Die Weide biegt sich, aber sie bricht nicht.

# Stammtafel von Salis

(Auszug nach P.Nicolaus von Salis)

Linie: Chiavenna – Taufers – Regensburg

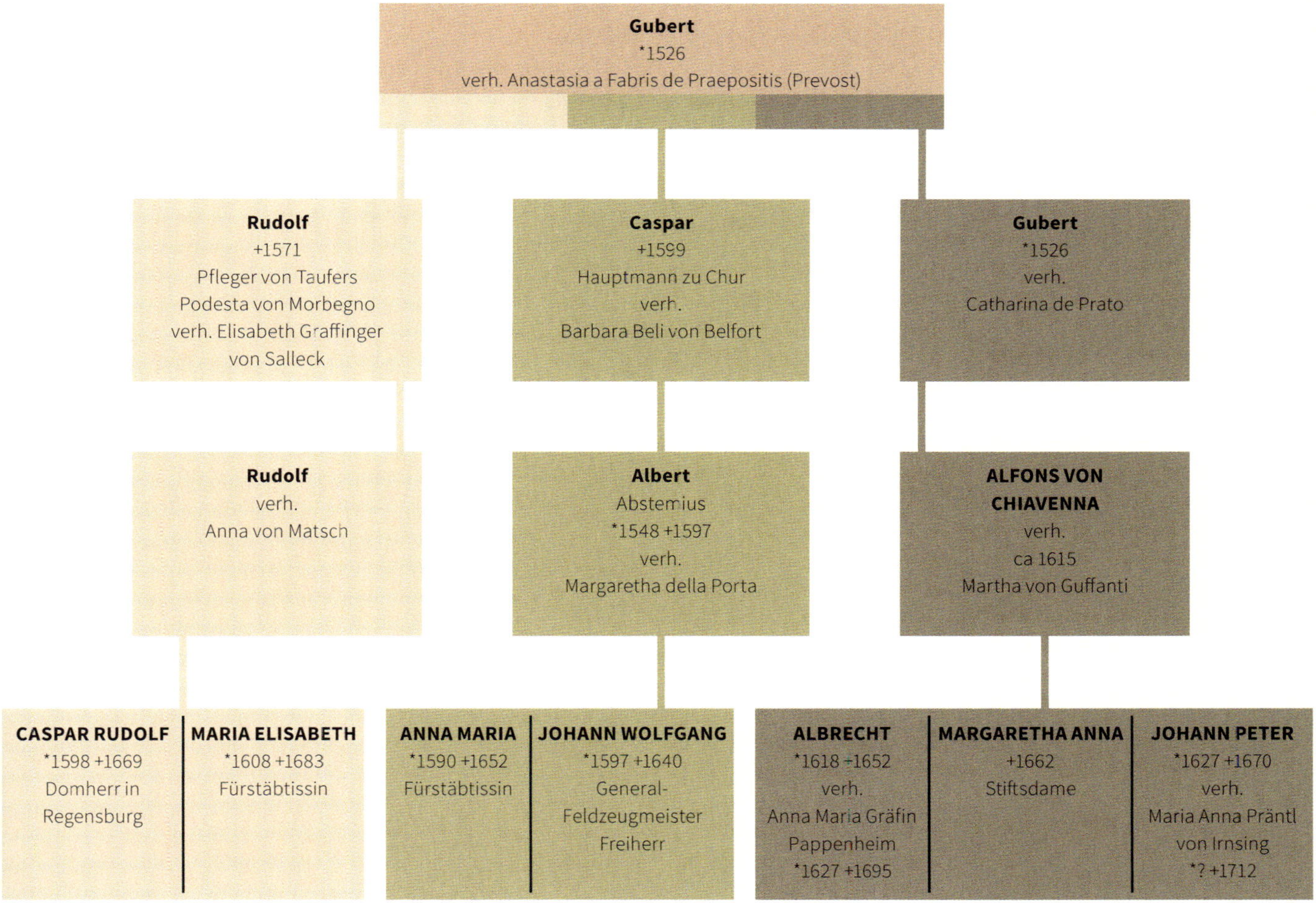

## Literatur


- Akademien der Wissenschaften …. Die Deutschen Inschriften, 95.Band, Die Inschriften der Stadt Regensburg, III. Der Dom St.Peter, Wiesbaden 2016
- ALBRECHT Dieter, der Regensburger Kurfürstentag 1630 und die Absetzung Wallensteins in: Schriftenreihe der Universität Regensburg Band 3, Regensburg 1980
- BAUER Karl, Regensburg – Kunst-,Kultur- und Alltagsgeschichte, Regensburg 1997
- BERZAGHI Renato, der Palazzo Ducale von Mantua, Mailand 1995
- BIACH-SCHIFFMANN Flora, Giovanni und Ludovico Burnacini, Wien 1931
- BLÜHM Elgar, Georg Greflinger, in Neue Deutsche Biografie, Band 7
- BOLL Walter, Regensburg, Berlin und München 1969
- BRAUN Bettina, KELLER Katrin, SCHNETTGER Matthias, Nur die Frau des Kaisers?, Veröffentlichungen des Instituts für Österreichische Geschichtsforschung, Band 64, Wien 2016
- CHAMBERS David und MARTINEAU Jane, Splendours oft he Gonzaga, Milano 1981
- EICHLER Katrin, zur Baugeschichte der drei Regensburger Damenstifte Nieder- Ober- und Mittelmünster, Regensburg 2009
- GERSTL Doris, Die Oper „L`Inganno d´Amore"… in: Barocke Kunst und Kultur im Donauraum, Band 2, Petersberg 2014
- GOTTFRIEDSEN Christine, „Gott bewahre uns künfftig für allen solchen gefährlichen Kriegs-Ungemach" , VHVO 159, Regensburg 2019
- HAMANN Brigitte, Die Habsburger ein biografisches Lexikon, Wien 1988
- HANSERT Andreas, Könige und Kaiser, Petersberg 2010
- HARTMANN Peter C. und SCHULLER Florian (Hg.), Der Dreißigjährige Krieg, Regensburg 2010
- HEHER Dominik, Donau – Menschen,Schätze & Kulturen, Schallaburg Betriebsges.m.b.H 2020
- HUBENSTEINER Benno, Vom Geist des Barock, München 1978
- KELLER Katrin, https:/Kaiserin. hypotheses.org, Juni 2017, Januar 2018 etc
- KELLER Katrin, Die Kaiserin, Reich,Ritual und Dynastie, Wien 2021
- KRAUS Andreas, Maximilian I., Regensburg 1990
- KUNZE Stefan, Höfische Musik im 16. und 17. Jahrhundert, in Europäische Hofkultur im 16. und 17.Jahrhundert, hg von August Buck u.a., Wolfenbütteler Arbeiten zur Barockforschung, Band 8, Hamburg 1981
- LÜBBERS Bernhard (Hg.), Krieg-Pest-Schwedennot. Der Dreißigjährige Krieg in Regensburg, Kataloge und Schriften der Staatlichen Bibliothek Regensburg, Band 16, Regensburg, 2018
- LUCHINAT Christina Acidini und SCALINI Mario, die Pracht der Medici, Wien 1999
- MANN Golo, das Zeitalter des Dreißigjährigen Kriegs, Propyläen Weltgeschichte, Band 7, Frankfurt 1986
- MEIXNER Christoph, Musiktheater in Regensburg im Zeitalter des Immerwährenden Reichstages, Musik und Theater, Band 3, 2008
- MÖSENEDER Karl (Hg.), Feste in Regensburg, Regensburg 1986
- MÖSENEDER Karl, THIMANN Michael, HOFSTETTER Adolf (Hg.), Barocke Kunst und Kultur im Donauraum, Band 1 und 2, Petersberg 2014
- PETZET Michael, Denkmäler in Bayern, Band III.37, Regensburg, 1997
- RANDELZHOFER Albrecht, Völkerrechtliche Aspekte des Heiligen Römischen Reiches nach 1648, Berlin 1967
- RISATTI Rudi (Hg.), Groteske Kommödie, Wien 2019
- RODE-BREYMANN Susanne, die beiden Kaiserinnen Eleonora oder: Über den Import der italienischen Oper an den Habsburger Hof im 17.Jahrhundert, In: Aspetti musicali, Musikhistorische Dimensionen Italiens 1600 bis 2000, Festschrift Dietrich Kämper zum 65.Geburtstag, Köln Rheinkassel 2001
- RUDOLH Harriet, von SCHLACHTA Astrid(Hgg.), Reichsstadt – Reich – Europa, Regensburg 2015
- RUDOLPH Harriet, die Krönung der Kaiserin, Archiv für Kulturgeschichte 100, Band 2, 2018
- von SALIS-SOGLIO, P.Nicolaus, General Hans Wolf von Salis und die Regensburger Salis, Chur 1906
- SCHINDLING Anton, ZIEGLER Walter, Die Kaiser der Neuzeit, 1519-1918, München 1990
- SCHMID Alois, Regensburg, Historischer Atlas von Bayern, Altbayern Heft 60, München 1995
- SCHMID Peter (Hg.), Geschichte der Stadt Regensburg, Regensburg 2000
- SCHNETTGER Matthias, in: Nur die Frau des Kaisers?, Wien 2016

**Klassiker der Regensburg-Literatur:**
(Sie spiegeln zwar nicht den Stand der heutigen Forschung, liefern aber wegen der Fülle ihres Materials nach wie vor eine Menge an unschätzbaren Informationen.)


- GODIN Anselm, Ratisbona politica, Regensburg 1729
- Grabsteinbuch des Regensburger Domes, AdBW München
- GREFLINGER Georg, Pseudonym CELADON, Der Deutschen Dreissigjähriger Krieg, 1657
- KAYSER Albrecht Christoph, Versuch einer kurzen Beschreibung der kaiserlichen freien Reichsstadt Regensburg 1797, Reprint Regensburg 1995
- Kunstdenkmäler von Bayern, Band XX, XXI und XXII, München 1933
- Von MEIERN Johann Gottfried, Regenspurgische Reichstags-Handlungen 1653 und 1654, Leipzig 1738 und Göttingen 1740
- MERIAN Matthäus, Theatrum Europaeum, Band II-VII, Frankfurt 1633-1663
- PARITIUS Johann Carl, Allerneueste und bewährte Nachricht von der des Heil. Röm. Reichs Freyen Stadt Regensburg…, Regensburg 1753
- Siegel und Wappen der Familie von Salis, Schweizer Archiv für Heraldik, Band 41, Heft 1, 1927
- von WALDERDORFF Hugo Graf, Regensburg in seiner Vergangenheit und Gegenwart, Regensburg 1896
- Wappenbuch der Niedermünsterer Äbtissinnen 900 – 1769, Bd 1, Bayerisches Hauptstaatsarchiv München
- ZIRNGIBL Roman, Epitaphia:…Staatl. Bibliothek Regensburg, Rat.ep.409, Regensburg 1785-1786


## Bildnachweis

**Autor und Verein danken allen Institutionen, Fotografen und Bildleihgebern**

Staatliches Bauamt, Regensburg

Bayerische Staatsbibliothek, München, S.25: Res/P.o.519 l

Bayerisches Hauptstaatsarchiv, München, S.56 ff Wappenbuch der Niedermünsterer Äbtissinnen, 900 – 1769, (BayHStA)

Kapuzinerkloster Wien

Karmelitenkloster Regensburg

Kunsthistorisches Museum Wien (KHM Museumsverbund)

Museen der Stadt Regensburg, S.22, S.75 links

Österreichisches Staatsarchiv, Abteilung Haus-, Hof,- und Staatsarchiv, Wien

Palazzo Ducale Mantua

Palazzo Salis, Tirano

Pfarrkirchenstiftung Niedermünster, Regensburg

Pfarrkirchenstiftung St.Emmeram Regensburg

Schallaburg Kulturbetriebsges.m.b.H.

Schifffahrtsmuseum Spitz an der Donau / Wachau

Staatsarchiv Graubünden (StAGR), S.63: FR – D VI F01 8/4, S.71: A Sp III/11a I.B.B.7.1, S. 73 u. 75: A Sp III/11a I.B.1.1, S.81: A Sp III/11a I.B. B.8.1, S.82: D-VI-SM-Pl-36_A, S.84: A-Sp-III-11a-I-B-B-7-1

Staatliche Bibliothek Regensburg, S.23: 2° Rat. civ 71, S.85: 999 IM/Rat.ep.409

Stadtbibliothek Nürnberg, Amb.847.2

Stiftskapitel St.Johann Regensburg

Alle übrigen: private Sammlungen

**Schriftenreihe des Welterbe Kulturfonds Regensburg – die Förderer. e.V.**

**Band 1:** Musik im Mittelalter in Regensburger Kirchen, David Hiley

**Band 2:** Drei wegbereitende Frauen des Barock, Regensburger (Kultur-)Geschichte 1630-1654, Klemens Unger

klemens.unger@welterbe-regensburg-die-foerderer.de

Flus
Donau
Vnter Wörth.
Blaich.